如果你不爲自己而活，誰爲你而活

──自我重生的22個療癒配方

張韋婷

作者介紹

我是歐拉，張韋婷

目前在教授財富金鑰系統／昆達里尼瑜伽／希塔療癒等身心靈平衡的技術。

透過教學、分享、文字與影片創作，找到了自己的生命舞台，也感受到點亮其他靈魂的喜悅。

本書是至今自我探索的心得整理，願能分享給你，以及所有需要的人。

YouTube 頻道／臉書粉專：我是歐拉張韋婷

小練習索引

第一章

第六章

推薦序——信念創造實相，成功並非偶然

在因緣際會中，韋婷來到了我的課堂，她那認真而專注的學習精神還有謙卑的態度，讓我印象深刻。我感受到了她的求知若渴，以及知道如何融會貫通的運用，她為自己的學習真正負了完全的責任。我跟她說：「妳的學生能夠遇到妳這樣的老師真的很幸福。」

從她的文字及影片中學習她的思維，感受到她純粹的意圖以及自我轉換信念的過程，常常被她的誠摯的能量所震撼到。心想，這樣的文字如果可以給更多人看到就太美好了，於是我曾經問她說：「妳有考慮出書嗎？」「有啊！」「那我們一起顯化吧！」

聽到這本書的出版，我好開心，拜讀了內容，讓我驚喜連連，我自認為看書不算慢，幾乎每一篇都讓我停頓許久。我感受到作者當時的狀態，給我不同面向的反思：如果是我會怎麼面對及突破呢？還有好幾個幫助讀者穿越困境的巧妙練習。

「信念創造實相，成功並非偶然。」韋婷就是最好的示範。

真心建議讀者們細細緩慢的品嚐這本書，透過書中文字來了解自己、清理自己，進而更加愛自己，完整自己的生命旅程。

這不只是韋婷的書，而是啟發我們的生命之書。

希塔好好玩作者及創辦人
鍾瓚君 King

前言

大家好，我是歐拉。我是一位身心靈工作者，我的工作是運用一些工具與課程，給人們帶來療癒、平衡，移除舊信念，建立幸福的好習慣，陪伴人們找到自己的立足點與目標，協助他們建構活力與精神。我幫助工作或是關係失衡的人們找回自己的力量，也幫助一些對生活感到無力或內在生命卡住需要提升與往前的人找到方向。

我的課程和一般短暫三五天的激勵課程不同，屬於比較細水長流型的陪伴，能真正建構好的習慣與自我認知。因為每一個人都有適合自己的步調，有適合自己的道路，也因此我想作為這樣的支持與後盾，是你在往前衝或覺得迷惘的時候，回頭看，還有一盞燈在那裡，提醒你莫忘初衷，追求你真正的理想與幸福。

人都有脆弱的時候，我也是，在書中描述了好幾次我生命中重大的挫敗與危機。但很幸運的，我給予自己足夠的時間，一點一滴的把自己找了回來。

我的方式很不學院派，但大部分都是來自於我自己的體驗。

在編輯找我出書的時候，雖然我已經持續寫文章大約七年，其實可以很快的寫些什麼來出版。但是我沒有，因為我在思索，我可以嗎？我夠格嗎？大家為什麼要聽我說？

很感謝編輯再一次給了我時間與空間，這一思考，我竟花了快六年！我在想為什麼要出書？如果沒有足夠的動機，為什麼要浪費紙呢？

但我很感恩，在這六年之中，我收到了無數次來自不認識的網友們給我回饋，他們因為我無私的分享自己的生命經驗，進而改變了自己的生命。我才漸漸覺知，一個人願意把自己貢獻出來，雖然是微不足道的小貢獻，卻也可能改變他人的生命，或是幫他在暗夜中點了一盞燈。

我願意做那個點燈的人。

這本書中的各個文章主題，幾乎都是網友或學生詢問過的問題。我在整理、重新翻寫的過程中，發現人們恆常尋找的答案，不過就是：愛，家人，金錢，自我與靈魂。

生命可以很簡單，只要這些項目平衡了就好。
但全然的平衡卻很困難，每一次都需要我們真實的面對內在的心魔，做出決定並持續行動。

因此，我把多年來的文章精華重新修整，也加入了二十二個落地的小練習。
這是我教學十年來，時時會帶領學生做的練習。
希望可以幫助大家，將生命從創傷、療癒進而成為奇蹟。

第一章　從看見到擁抱

001 從看見到擁抱

既然書名關鍵字叫做「療癒」，那麼第一篇就來聊聊自我療癒的過程。

「從看見到擁抱」寫起來很短，做起來卻很長，方法不難，可是持續願意對自己這麼不離不棄的人不多。而我的功用是在協助你開啟實踐自我之愛的旅程，並在旅程中協助你能持續走下去。

在學習了這麼多身心靈的工具與練習中，**看見，也就是所謂的「覺」，是一切療癒的開頭。**

於是我試著寫下自己經驗到的暴力與傷痛，以及從看見到擁抱的歷程。這過程非學術性，卻是我作為一個個體，試圖將我的生命與群體分享，希望能協助到需要的人。

看見，但往往總是發生了才看見。
看見自己用非暴力的語言施展暴力。
看見自己用非暴力的行為在暴力。
看見自己暴力的允許他人對我暴力。

可見的暴力形式很容易察覺：言語暴力，肢體暴力，性暴力，集體霸凌。

但我想說的是發生在每個個體身上的，我們無意識之中在行使的暴力。個體與個體之間的暴力，像是在親子之間、伴侶之間、工作夥伴和友誼之間，當然也在對立的關係之間，甚至還有對自己的暴力。

因為自我之愛的認知不足，而使得許多傷害自動發生，我們選擇了自我毀滅的模式而不自覺。我們創造了很多加害者來我們身邊，同時我們自己也加害自己、加害身邊的人。例如：刻意的冷漠、忽視、疏離的真空攻擊。看似沒有暴力的情緒語言，但卻充滿了冰寒刺骨的內在壓迫。

又或者，用好心、善意、群體利益的和平規勸，來強迫個人意志力消融，抵銷他人長出自己做法與態度的可能性。

也有時候，用寵愛、讚美、獎勵來引發他人競爭，或故意活得悲慘，用毀滅自己人生的方式來報復，引發對方的愧疚。故意引動別人攻擊我們，來證明人生就是一場錯誤，而我無力改變也不用負責。

還有時候，故意用第三方的角度來傳遞具有殺傷性、指涉性的詆毀描摹，假裝自己不是丟炸彈的人，卻看著對方一身鮮血，感到好愉悅。

這來自於，我們覺得外境不受我們控制，我們的潛意識想彰顯自己的力量，而我們又不想要當所謂的「壞人」，但我們又受不了事情往我們無法控制的方向發展，於是心智耍了這樣的手段。

這來自於，我們無法坦蕩蕩地做我們自己，無法自我賦予自己能量與位置。於是我們用內在的暴力，讓對方受到打擊，或自我懲罰，讓我們暫時感覺自己有主導權。

這更來自我們對自己的不接受與否定。

我們一直無法給予自己足夠的愛與接納，所以內在有個憤恨一直無法平息，要藉由各種管道去張牙舞爪，甚至引誘他人來鞭打自己。

長久以來，你會知道這種操控的隱性暴力，不是真的力量。

如果一個關係永遠都要靠對方的罪惡感、自卑或焦慮來取得服從，如果一個關係永遠都要羞辱對方，讓對方感到不好過，自己才能好過，這個力量在哪裡？

如果內在的缺損需要靠控制與強迫來達成平衡，這樣的狀態只會招來更大的缺損。你的靈魂不會真正自由。它知道自己是在索討，而索討也代表著匱乏與空虛。

當你開始對自己真實，你會願意跳脫受害者的模式，去看一看在每個關係中你在演什麼戲碼。你如何誘導對方演出你生命中的壞人？慢慢會發現，你其實不如你想的那麼單純無知，誰是真正的指揮家？誰在操控著一切戲劇的演出？其實是你自己。

你若想要跳脫，你要自由，你要再次走回無限的愛與真實，那就要走上這自我覺察的起點。

聖人也可能會犯錯，沒有人在關係裡從不受挫，不是要你開始黑化自己的每個想法，而是讓自己不用再進入劇情，從一來一往的互相不信任與控制中解脫。

跳脫這一階段要練的，是**讓自己的意識開始「醒過來」**。

在每次隱性暴力之後，在每一次的中傷，猜忌，戲劇性演出後……冷靜下來，回頭看看自己，剛剛是被什麼東西給牽動了？

對方刺激了你什麼？使你故意說了讓他難受的回話。對方剝奪了你什麼？使你恐懼憤怒。對方的存在讓你的自卑感激升，而更加地想作勢擴張，或是更促使自我貶低、放棄。

一次次練習在情緒過後去省思、去觀照，直到「覺察」到暴力的當下，你能停下來為止。

不再因為對方的一句話就暴怒、就毀掉自己的努力，不再因為覺得自己受困委屈，就去塑造對方是一個十惡不赦的惡魔，只要目前還是在非暴力的階段，就是要不斷的練習更快的覺察，與隨時覺察。因為施暴者與受害者是一組的，沒有一個可以獨立存在，你有勾引被害的因，你內在也絕對有施暴的癮。勾引被害也是小我的控制手段，可以將內在很多無法言語的渴望合理化。當然若遭遇真實的暴力，請先保護自己的安全。

小練習一〈書寫情緒〉

練習覺察的工具有很多，但是有心破解的話，可以試試書寫。把你對於對方的想法，還有對方對你的想法，你對自己的想法，都寫出來，用第三人的角度觀察其中的模式，問問自己：「這是真的嗎？」在你沒有真心想要聽對方說話、只想得到特定答案的時候，對方也不會好好跟你談話的，所以先誠實面對自己就好，你心裡想的那些都是真的嗎？

你思路詭譎的認為理所當然的部分，往往就是盲點，是你刻意要埋藏的破綻。

我們的潛意識非常善於隱藏真正的答案，所以請先把你已經知道的部分完全寫出來，然後再把你的想法一點不剩的傾洩而出，包含最骯髒、最不堪的部分。當情緒化的文字都宣洩了之後，重新看一次你寫的東西，靜下來問問自己：「我看見什麼？」

這個練習久了，你會在自己每個理所當然的念頭後都追加一句：「真的嗎？」然後回溯、用第三人的眼光冷靜觀察，你就成功訓練了你腦內的觀察者了。

詳細步驟：

1. 找一個近期讓自己非常生氣的人或事來書寫。
2. 我們不需要把文字給任何人看；如果可以的話，無需描述事情的誰對誰錯，來往對話。請直接寫出來你對於這個人的感覺。例如：他太自大了、他看不起我、他沒有經驗卻一直說嘴。他憑什麼說我不行？我就是要做給他看！
3. 請寫到你的頭腦安靜為止。一開始我的許多學生寫不出來，因為大部分的人害怕自己腦內的思維被看見，但相信我，這很紓壓，我們不是為了真正定罪他人，而是為了真實的認識自己，放心寫吧。
4. 寫完之後，重新看一遍內容，問問自己，這是真的嗎？你越想要舉例說明的地方其實代表你內心的不確定或委屈，不斷地重新看過這文字，你將能發現哪些是真正有意義的觀察，而哪些只是內在不平靜時的語言。
5. 書寫完情緒之後，你更能看見自己想要的是什麼嗎？

第二階段：

看見，但不與之共鳴。

看見自己頭腦裡的暴力，而不需要真實的去實踐傷害。

能看見畫面的人，你已經比第一階段誠實了，沒有逼迫潛意識壓抑、假裝好人。例如：真想拿刀從他胸部戳下去、把他打到跪地求饒，或是想像瞬間大地震，全部的人一起死掉等各種電影傷人的情節。腦中不斷出現難聽的話，用傷害來使對方愧疚挫敗。

但一切只在腦中想像，而非類似第　階段讓它任意發展，最後演變成更大的悲劇。

我們還保有理性，因此能夠區分什麼事可以做、什麼事不能做。但與此同時我們可以覺察自己的情緒正需要找到出路，我們可以感受到身體的顫抖，憤怒，氣息的改變。

我們已經跳脫假好人的狀態，我可以認知我是真的不喜歡，而不是強迫自己喜歡或是接受，然後用非暴力的方式實行暴力的控制。雖然我還不知道如何處理，但這是一種進步。

讓這些破壞性的想法只停留在頭腦。看見它，不用也不需要實踐它。

小練習二〈擁抱情緒〉

歐拉小叮嚀：

如果你想讓自己重新回到自由、平靜與愛的狀態，我希望你能撥個幾分鐘去做這樣的練習。給自己一個安靜舒適的小角落，閉上眼睛做幾次呼吸，然後去感受內在的憤怒悲傷，如果它有形狀，那會是什麼形狀？如果它是一個人，那他又是什麼形象？

如果你看見的是一團形狀，好好的感受那團情緒能量，跟它說：「謝謝你想要保護我，但你可以改變你的呈現方式。」在心中看著它變大、變亮、變圓融，充滿你也照亮你。它是你力量的一部分，去感受你其實是有力量的，只是你還不懂得如何在正確的時候使用、讓它出來，於是它只能在你的情緒之中發狂，在腦中躁動。把它融合進你之內，但你可以覺知的去使用。

如果是一個人的形象，那麼這位內在的憤怒迫害者他想表達什麼呢？在心中好好的傾聽他吧！他有什麼真實的渴望？這是你分裂出來的一部分，它是因你活不出自己而生的次人格。擁抱他或給予他你心中的尊重，請他與你和諧共處，在真實需要力量的時刻，與你合作。

詳細步驟：影片冥想帶領。

影片請掃

第三階段：
看見，但接納當下。

到這個階段，無名的火氣已經越來越少，你不再假裝鎮定、假裝理性，同時也不再批判自己的無能為力。你因為放鬆而不再隨意消耗能量，「就只是看見我現在的狀態啊！」，不控制也不自我放棄。

看見當下的自己，接納那個脆弱的、不完美的部分。

別人比自己好，那是來自他們的努力和累積，不需要用別人的好來鞭打自己。不需要對自己與他人生氣，我此刻做不到，不代表永遠都做不到。

我知道我無法控制別人該怎麼想、怎麼做，但我可以調整我自己。接納，並重新調整。

重新確認自己的心，思考我真心想前往的方向與目標。好好累積，一步一腳印，路是人走出來的。**以前不被給予的接納，我可以自己給予自己。我是成熟的，我能夠找到滋養自己、培育自己更好的方式。**

小練習三〈滋養自己〉

歐拉小叮嚀：

在這階段能為自己做的，就是轉換焦點。先做滋養自己的事，提升自己的頻率與思維。在低頻、低能量狀態硬是要逼自己做好，逼自己完成目標，效果是有限的。

放鬆充電過後，人會比較有靈感，心也會打開更多的可能性。然後再好好的規劃自己該怎麼做，不用一直沉溺在做不到或是失敗放棄的循環裡。

此刻也許是泡個熱水澡，也許是吃個好吃的，聽聽美好的音樂，看劇，去大自然走走。既然還沒有辦法面對與處理，那就先養好自己，身體有氣力了，心情舒爽了，自然會有新的想法與行動力。

不過，請不要用接納自己來逃避真正想做的事喔。一直讓自己無限期放假，這可是會讓你再掉回自我欺騙的第一階段。

詳細步驟：

自由發揮。做什麼事會讓自己心情好呢？歐拉建議看個好電影，聽些好的音樂，「好」意味著看完會有正向的感受。也可以種種花、泡個澡，點一盞香氛蠟燭，做真正讓自己身心喜悅的事，練習滋養自己。

第四階段：
看見，還能再看得更深，更了解自己。

當你可以做到「看見」、「不認同頭腦的情節」、「接納自己」、「滋養自己」，那也許就可以試著在心情平靜放鬆的時候，進入更深一層的自己。

「讓我真正生氣的是什麼？」、「讓我真正悲傷的是什麼？」真的是外在人事物的不好、不順利嗎？

我發現，有些暴力或虐待不見得是肉眼看得見的，那是一種看似無傷大雅的侵犯，而使得在年幼時期非常模糊的接收了那樣的訊息。

那些沒有被說出來，也不會留下紀錄的傷害，既沒有史實可以怪罪，卻又痛得留下了印記。

一個人從小被環境對待的方式，會無形地烙印在心底，例如長期作為一個被集體嘲弄的對象，或是成為常常被忽略的角色，還有看似沒什麼的吃豆腐、佔便宜，因為太年幼而以為這樣的對待是正常的，或是乾脆選擇妥協，反正也沒有別的地方可以去，於是自己也接受了這樣的自我貶低，自己也允許加害者侵犯，甚至自己也開始當自己的加害者。害怕擁有美好、害怕夢想，如果自己想要的太多，還會被自己打住：「不要太貪婪了好嗎？知足常樂聽過嗎？」

但與此同時，卻對於那些大剌剌活出自己的人，有莫名的嫉妒與憤怒。

你真的是討厭比你耀眼的人嗎？還是他的存在刺傷了你的傷口？在提醒著你還沒有活出自己。

小練習四〈追溯源頭〉

歐拉小叮嚀：

試著看見，看得更多，看見自己也看到世世代代的軌跡，你會多一分理解，不管有沒有療癒效果，至少不用再延續給下一代。願意從自己的生命經驗中去開挖的人，必會得到很多線索，生命的發生一直都是有跡可循。

看見種下的種子，並不是要毀滅它或是怪罪種下它的人。

而是**知道自己有能力療癒自己，成為自己生命的主人。**

你無需給對方什麼交代，或要對方道歉，但你的心會舒服很多，你已經終止了以這樣的模式繁衍下去。

詳細步驟：（影片引導）

1. 回溯至練習一的時候，曾經寫下的那些不好的感受。（例如：不受尊重、我是不重要的……）回想一下是從什麼時候開始，第一次感覺到不受尊重？感覺自己是不重要的？
2. 好好感受當時小小脆弱的自己，在心中送滿滿的愛給他、抱抱他。
3. 問他如果可以的話，他需要什麼？他希望怎麼做？

影片請掃

第五階段：
看見，並擁抱。

擁抱什麼？

擁抱自己，擁抱那個已經走上療癒旅程的自己。深深愛上此刻的自己。

擁抱使你受傷的人，擁抱你傷害過的人。

但這沒辦法一開始就做。刻意做出來的，都不是真的在那個狀態。

這必須要一次又一次的來回在第一到第四階段好多次，然後終於累積了足夠的能量、足夠的對自己接納，足夠深的理解與看見。

當看，不再只是看見的時候，你突然能懂你，懂他／她，懂自己的時候。

你會突然感恩這一切，使你成為現在的你。使你成為了有溫度的你。

也許坑坑巴巴，也許害羞，也許社交障礙，也許自閉、自卑，看見單純的人事物就會忍不住又掏心掏肺的你，還是相信童話故事的你。

你會覺得現在此刻的自己好珍貴，好感恩自己走到這一步了。於是感覺之前的每一步也很美，全部都成為滋養自己的養分。

那一刻，你就擁抱了所有的好與不好，融合為自己的一部分。

當你看見越多，接納越多，能擁抱的也越多。

你的世界會越來越大，越來越自由，越來越美好。

送給每個在這條道路上的人。

小練習五〈和解練習〉

到了有意願要擁抱的時候，可以在心裡這麼做：和解練習。

選擇一個安靜、安心舒適的環境，靜靜坐著閉上眼睛，先讓自己的心充滿了愛與能量。然後觀想一個你信任的更高力量，也許是佛／耶穌／純然的光，協助你與對方連結，表達你對他的真實想法。如果發現此刻無法感恩、無法祝福，那就不要逼迫自己；如果你感覺可以放鬆的祝福對方，那就把你心中的愛充滿對方，感受他就是你。你可以分很多天做這樣的練習，不需要一次就做到完美。

還記得第三階段，接納，如果今天做不到就先滋養自己，下次再試試看。

詳細步驟：（影片引導）

影片請掃

002　面對別人的刻意中傷

有一位臉友，寫信問我如何面對別人的惡意中傷？

不知道是不是天生的命格使然，我從小就很容易成為關注的焦點，喜歡我的貴人很多，相對的攻擊我的人當然也不少。

一路走來，原本是呆呆傻傻的不在乎，只要身邊有人愛我就好，只要有人相信我就好，痛了就討拍拍、討愛，活在自己的開心小劇場。像個長不大的孩子，一有痛就訴苦，不想看見自己的真實。

直到開始靈修，開始自省，開始看見自己的黑暗、自己的設定，如何選擇成為受害者，如何一邊難受的洗白自己，又一邊痛斥自己的錯誤、鞭打自己，覺得被別人誤會是應該的，然後又忍不住想證明。就在反反覆覆的情緒波動中翻滾，直到情緒結束，事件平息，仍是搞不清楚到底怎麼了……想到對方時，還是忍不住覺得「他就是誤會我了啊」。

其實只想爭個對錯，只想爭個好受。

慢慢地，這一兩年，黑暗的角落大概已經翻遍，沒有什麼新的標籤可以再貼在自己身上，也沒有那麼多鞭子可以抽打自己，我所看到的，所感受到的，也轉化為一種：「喔！如果你覺得是這樣，那就是這樣吧。」

還記得二〇一九年十月一日，台灣南方澳大橋垮了，而在同月十日中國無錫的大橋也垮了，我們兩個國家，各自在對方的國慶日，倒塌了一座橋。對於天象，對於思索上天要揭示給我們什麼樣的訊息，我覺得在意。災難本身當然有很多部分要去檢討，以避免未來再度發生，讓我們更注意公共安全以及政府發包施工的弊端。但是如果我們只是以巧合來詮釋這兩條橋垮掉，也許會錯失上天要給予我們更深的教導。

於是我發了一篇文章討論「橋斷掉」在這特殊時間點可能的意涵，站在天象天時的角度，在馬雅曆之中，白世界橋代表死亡與重生，所以很多朋友的聯想與我一樣，都往斷開枷鎖、找到自由、重新開始的好意象去思索。

但與此同時，有位網友將我的文章截圖，並且公開批評，說我沒有同情心，這是多麼嚴重的災難？指責我是修行人，卻靈修個屁，完全沒有愛，下面留言區很多人跟著一起罵。（現代版獵巫行動？）

這場面大家應該不陌生，反正，網路霸凌向來都是如此，我也經歷過很多次了。

當我老公看到這樣的情況，非常緊張，怕我會受到傷害。

但我當時只是想了一想我自己寫的內容，確認我沒有開玩笑的心意，以及我也關心此事。我不需要在一篇討論天象的文章中，還要刻意宣導我的愛心，那是要做給誰看呢？

我只回我老公說：「喔，那他大概誤會了。」我的這個回答，我沒有半點不接受，我覺得他誤會的也合情合理，因為我們完全在不同的層次中討論事情。

比情感，比愛，我真的有必要把我每個月捐獻的收據都掏出來跟大家報備嗎？還是把我每天無償貢獻的所有事蹟都整理成文章反覆貼上，證明我其實是一個愛國愛鄉愛家的好心人嗎？或是要跟神明調閱一下祈禱的內容，證明我有為受難者禱告？

他也許只是生氣整個國家都不夠關心這事件中的受難者，也沒有人因此大徹大悟的幡然悔改修正。於是他看見了我的文章，一個可以讓他宣洩的機會出現了，透過罵我可以讓他好過。嗯，那就這樣吧。但憤怒的更深層往往是什麼？其實是我們對事情的無能為力。

如果一個人夠清楚自己在做什麼，別人也沒什麼好演的，對方也許一時找得到一個線頭，想要製造成一場風暴，可是我穩穩的、不與之旋轉，又如何抽得動我？

也許對方能影響十人、百人，難道這十人百人都是蠢豬？沒有眼睛？不會思考？時間總是會沉澱一切。

而我該做的仍然是：**對自己的不離不棄，與無限的貼近真實。清楚自己在做什麼。**

那些構陷也好，汙衊攻擊也好，小我害不害怕？當然怕。身體也會在知曉的當下，震盪、恐懼、憤怒，隨時想要起身反抗，自我保護一番。

但是，就給自己足夠安靜的空間和時間吧。

好好的看，好好的檢視自己，對於別人所貼的標籤，批評的那件事，我的原始起點是什麼？

也許，我真的想賺大錢；
也許，我真的想成名再賺大錢；
也許，我真的很想證明自己給某些人看；
也許，我真的就只是覺得我該做而已。

如果別人說的只是出於一種情緒反射，那就是他們以自身的憤怒恐懼，胡亂指控，對於跟隨情緒起舞的人，有什麼好和他們計較的呢？
我應該同理一下：
他們也很想被看見；
他們也很想被愛；
他們也很想被注意與認同；
他們也很無力，所以想透過集體批判，感覺一下失去已久的勇氣。
所以才召集、才引來群眾，如果他真的是為你好，為何不單獨告訴你？

如果他們說的也沒錯，真的把我內在的欲望給看透透。那……就更不用計較了嘛！我是這樣的人，就大方的承認自己是，有什麼問題嗎？不犯法不傷人，愛錢還是愛美還是愛結交朋友……這都是人的本性不是嗎？

是我們無法接受這樣的自己，才會因為被別人指認出來而感覺到非常恐懼，恐懼到想滅了那個人，甚至滅了自己。

當你十分了解自己，也知道自己的每一步是為了什麼而做，別人說什麼，真的不重要。你就把他當作是一個小測驗，來試試看你根基紮穩了沒？如果你每天都在做你真正覺得該做的事，每天都自我檢視修正、再往前進，真的沒有風可以吹動你。

你是自己最大的根基。

然後你會發現，越來越難聽到這樣的批評了，因為你內在那個批評自己的癮頭也消失了。你也能在一次次的事件中，清楚看見自己也參與了創造，這裡面一定有你可以受益的部分。

如果你看見：「**你是自己世界最大的創造者。**」

這一刻，你的力量就回到自己身上了。

小練習六〈擁抱內在小孩〉

歐拉小叮嚀：

給正在面對流言蜚語、狂風暴雨的你：

來來來，緊緊的抱住自己，抱住你的內在小孩。

跟他說：「我願意接受你所有的樣子，我愛你，不管別人怎麼說，我就是愛你，愛你的真實呈現。我們一起前進，一起幸福，我不會拋棄你。」

當你夠愛自己，也就不需要其他人的認證。批評也就沒有殺傷力了，像屁一樣，風吹了就會散去。

我真心祝福每個人都能找到自己的和諧之道，顯化和諧，往自己真正想創造的方向前進。

詳細步驟：（影片引導）

影片請掃

003 缺陷的可能性

最近我看了一本書，書名叫做《安靜是種超能力》。作者張瀞仁是一位自認99%內向傾向的人，卻任職於國際非營利組織，需要去世界各地向各種大型企業或慈善單位募款。這對於一般人來說已經是一份非常有壓力的工作，對於內向傾向者更是充滿挑戰。

她在書裡面提到的「內向」症狀，都令我會心一笑。

例如：在公園一起等小孩下課的媽媽們，都很自然的圍成一圈在聊天，但只有我站在旁邊滑著手機。

只要在大型的聚餐社交場合，就覺得渾身不對勁，需要溜到廁所喘口氣，並且尋找時機靜悄悄的離開。

明明會議的內容自己就有準備，卻還是希望主席千萬不要點到我。

比起外向的人去聚餐聊天就能充電，我通常是撐不了一小時就把自己的肚皮塞爆，因為吃才能讓我比較放鬆。

日常生活中偏好自己單獨行動。

打電話與接電話前都要深呼吸，沒有說明原因就打來的電話，即使認識對方也不會接。這過程中已經在心裡奔跑三百圈。

不擅長記住人名與長相的配對。

我是因為這本書，才知道原來國外研究「內向者」的行為與思考模式／大腦運作已經很久了。

內向不只是性格偏好，它與頭腦的運作有關。

研究指出：

內向者在獨自一人的時候比較容易施展手腳，善於處理長期記憶，不善於即時應答，因為會花比較多的能量存取大腦的記憶。

社交對於外向者是充電的方式，而對於內向者則是非常耗能的。

但是這本書，並不是要告訴你「內向者就是這樣」，所以讓內向者找到理由不去完成挑戰，也不是要強迫你變成外向者。

相反的，它提出了內向特質的優勢，使內向者可以在標榜「外向為優異」的社會中存活，並找到自己的施展舞台。

說了這麼多，很多網路上的朋友都不太相信我是個內向的人，直到終於有機會遇見了，才問我說：「你真的會有內向、沒自信的時候喔？文章照片都看不出來。」或是說：「天哪！原來你本人真的滿內向的，超安靜。」

倒不是我故意在網路世界裝自信，或是假裝我很外向。而是因為文字對我來說，就是一種很舒服放鬆的表達方式。正因為我口語對談反應沒有那麼快（大腦的運作模式不同），因而在文字上的使用次數有比較多的練習，當然就比較順暢自在。

而同時，寫文時我只需要將腦中想好的字打出來，因此你不會看見我思考時的空白。我不需要在寫文的時候還要打一堆：「嗯……可能是……我想……嗯……對……」這樣文章可能會太長喔。

同時我也認為：你所不擅長的部分，會引領另外一個天賦。因此不善言語的我，得到的禮物就是傾聽與文字的力量。

老天為你關了一扇門，就一定會為你再開新的窗。

這些力量也不是平白無故就能取得，而是透過自己對於表達自己的渴望、與人連結的渴望，迸發出新的可能性和路徑。當我們願意去嘗試和練習，久而久之，新的道路就被開拓了。

財富金鑰系統說：「**要取之前必須先予。**」

「**使用才能取得那個無限力量的繼承權。**」

「**當你真心很想要完成一件事，你自然就會找到可行的路徑去嘗試。**」

所以我寫，很愛寫。當然不是一開始就能寫出這麼多的東西，有這麼多人按讚。

回顧五、六年前的臉書文章，每篇可能有十幾個讚就不錯了。七、八年前，若有五個人按讚就不錯了。

但因為心裡對於「內在得到的啟示」、「領悟」有分享的熱情與渴望，所以寫文就成了每天的習慣，更會在寫之中發現到更多，而正向的循環下去。

而當我內在領悟累積到了一個狀態的時候，很奇妙的，在需要表達的場合，只要是我熱愛的領域，即使是在完全不熟悉的環境，也能開口說得還算順暢。

也就是，在靈性的分享上，我沒有口語尷尬的困擾，那好像是我打開了天上的水龍頭，講的都是我自己的領悟，我越講就領悟越多，越開心。

有同事說：「教課的你好像才是真正的你，整個人都活了起來！」哈哈哈！就是這種感覺。

然後，風水也是我的愛。

曾經在臉書文章中提過，以前去哪裡都要老公保護的我，為了做風水，自己可以北中南一天跑三個地方去服務。

那個內在想服務的動能，其實也讓自己嚇一跳。

所以人的潛能是很大的。

首先是先意識到讓自己內在很喜悅、想分享、想創造的部分是什麼。

然後嘗試找到適合自己表達的方式，不管是畫畫還是運動，文字或直播，唱歌或其他技能。

持續的練習，總有一天會成為你的一部分，會再為你打開新的可能性。

而當你每天都在內在的創造與表達的流動中循環，你怎麼會不想給出？
那感動喜悅太滿太滿，沒有流動會爆炸。
你會感謝那些能夠讓你給出的機會，讓你的創意與美好能因為給出而不斷的從源頭進入你。

有一天你會發現，那些條件限制上的不足完全無法阻擋你的前進，因為真正影響我成為自己的，絕對不是口才不好、文筆不好、條件不足、害羞或是緊張。
而是我們決定「自己要因為這些限制」而不去做我們想做的事。

所以囉，你還在拿你的條件不好當作藉口嗎？還是你願意開始做看看呢？

小練習七〈思索熱情〉

歐拉小叮嚀：

思索看看，什麼事能給予你真心的喜悅？你能用什麼形式來分享它？

也許是文字、影片、照片、音樂、繪畫、戲劇創作。

你願意每天花多少時間做這件事？

也許五分、十分、三十分。

重點是每天。

你願意承諾自己用多少的時間來累積這條路？

一年、三年、五年、十年？

對自己做承諾，現在開始逐自己的夢，踏實落實，而不再每天空想自己的不足，好嗎？

詳細步驟：自由發揮。給自己一個安靜的片刻好好思考，寫完記得貼在你常常看到的地方。

004 愛有多深

有次帶領昆達里尼瑜伽課的時候，教了一套功法，名字叫做「愛有多深」。我在教學前分享了自己的故事，當時老公也來上課，他說他聽完很有感觸。

愛有多深？在真實的關係（昆達里尼瑜伽的一套課程）裡面，我們提及的是「對自己的愛能有多深」。

你或許覺得你會去做臉，按摩，給自己穿名貴的衣服，就已經是自我之愛的體現了，也許是……如果這之中帶著完全的接納與享受。

但我想分享的是自己內在愛的旅程。

當我開始學習後，我發覺自己原來一直在走一個找愛的旅程，而翻遍千山萬水，卻發現自己需要的愛就在自己身上。

十七年前，我遇到我先生，我覺得他就是世界上最愛我的人了，完全包容我的一切，把我的缺點當成可愛，把我的優點視為無價之寶，尊重我所有的選擇，認同我所有的決定。我一直在尋找一個愛我懂我的人，看來我是找到了。此生我就可以賴皮當公主，然後輕輕鬆鬆的過了。真的嗎？

旅程當然還沒結束。

因為在這樣的懂、尊重與支持之下，我反而沒有退路，沒有說不行的理由。過往你可以找很多理由：「我爸爸說不行、我媽媽說不行、我男友不准我去……」但我再也沒有藉口。我知道我的「不行」，其實就是「我不要」而已。我無法逃避，要面對自己的真實。

當決定權完全在我的手裡，我必須對所有的決定負責，我要對我的人生負責。這是我第一次長大，開始認真的思索我要創造什麼人生，是我必須親力親為的責任，而不是別人來帶領我、給我。

我的男人不給我這樣的幻象，我謝謝他。

這對於「以為找到真愛，人生就再也沒有問題」的人來說，無疑是一個很大的警醒。原來成長是沒有止盡的，不會因為有人填滿了你認為的空缺，就再也不會有煩惱了。而是要你真真切切的看進那個煩惱的源頭，了解那個不斷渴求的黑洞是如何產生的，才能結束。

所以我先生起了一個好的開頭，引領我進入後面的大戲……

結婚後遇到我的婆婆，她是一個非常樂意奉獻、客氣，能為孩子多做一點她就會做兩點，如果你說她做得很好，她甚至隔天又會立馬準備好，親自再為你做一次。有這樣子的婆婆，是多了一個愛我的家人，你應該會覺得我很幸福吧？

但我要告訴你：如果人在無明裡，沒有自我之愛，那麼所有人的愛都無法滿足你。

生完第一胎後，是惡夢的開始。

婆婆一直來照顧我、照顧寶寶，她很開心，但是我有說不出口的煩躁。畢竟我的心裡，很希望我媽能來照顧我，無奈我弟車禍要人照顧，奶奶又跌倒，我的娘家人手緊繃。看著夫家歡喜過年、慶祝新生，娘家卻是愁雲慘霧地在醫院過年。

複雜的心情，看不見自己的想法是什麼，只能看見表象，或者說只能怪罪表象，來讓自己心裡平衡些。

恰巧孕期聽了太多婆媳問題的故事，很容易對號入座起來，像是「果然都是只愛孫子」、「果然媳婦只是生產工具」。很奇妙，你需要聽什麼，人們就會來跟你講什麼。懷孕那陣子我被同事灌了一堆她們家中發生的婆媳問題，這些沒有覺知的交流，就這樣成功的幫我植入了木馬程式，讓我的潛意識發威，在每個小細節中去驗證：「看吧！真的是這樣！」

就像三流連續劇的劇情，我每天都活在緊繃、壓力裡，拚命蒐證，試圖想要控制、想要爭一口氣。這樣的狀態讓我好累好累，我看了很多身心靈的書籍，但我只想要創造「我想要的結果」，我只想要「證明對方的方式錯誤」。

而沒能看到「自己從小的渴愛」吸引了什麼劇本發生？沒能看到「自己的脆弱恐懼引發的情緒」，以為把自己當成受害者就可以合理的怪罪。

問題好像都是別人，如果那個問題不存在，我就能安靜過日子了。都是他們害的。

為了更加合理化自己的想法，就要強化別人的罪。

「她都破壞我的教養方式！」

「她給孩子吃那麼多水果，把孩子養壞了！」

「她一直抱小孩，害我很難帶！」

「她為什麼一直說別人好！」

當時，我完全被現象困住，並且一直不斷地強化它們。

「都是因為這樣，所以我育兒失敗了。」然後無法走出這種無限怪罪的迴圈。

啊……你以為只有你有情緒嗎？時間久了，別人也會知道你在針對她好嗎？

她也會有情緒，這時情況就更嚴重了……終於將情況推向臨界點，而到了不得不重新選擇的時候。

如果持續原本的想法，最終就是分裂，演出一場破滅的戲碼。

而我選擇了另外一條路……

……………………………………

八年後的今天，我開心和婆婆住在一起，開心婆婆幫忙我顧小孩，開心老公的家人愛我的小孩，開心他們常常能見面，我開心有那麼多人一起照顧我的小孩。

到底是什麼變了？難道是他們跟我認錯道歉？

不，不是，是我變了。

是我在尋找自我之愛的旅程裡面，我解放了和原生家庭之間的傷痛。

那個我自認從我媽媽身上沒有得到的愛，其實一直存在，只是沒有被認出來而已。那個「總是少了什麼的」的種子，讓我誤以為自己一定要「找到某人愛我才會完整」、「一定要夠好才能被愛」。

然後在找到人愛我之後，因為沒有自我之愛的關係，還是無限輪迴在對方不夠愛我的自我懷疑之中，創造劇情、自我貶低、失去力量。演出受害的情節，好來讓自己像賴皮的小孩一樣，不用對自己的人生負責。

但我後來發現：我隨時都可以選擇重新創造，把自己新生出來。當我重新愛我的內在小孩，我呵護她，無限的愛我自己，接納自己。所有的關係都開始改變。

我發現自己就是愛本身，我不需要某個人捨身拯救我的人生，我才算是有價值的人，我才能當公主，我才是尊貴。

我本來就值得存在。

我每一刻都可以是愛。

我重新的愛上我自己，包含我的完美與不完美。我對自己不離不棄，我對自己告白，對自己許下承諾。

當我愛上自己，不再批判自己，我也不會在乎誰更能得到我孩子的注意力，不在乎誰更疼愛我的孩子，我也重新檢視我和孩子的關係。我發覺孩子愛父母，出自一種自然。看到我女兒看我的眼神，我知道那是一種天性，而只是在成長過程中，我們受傷了，所以刻意遮蔽這天性，讓自己不要再受傷。

但我誠實面對自己，我知道不愛就代表生命停止轉動，生命的喜悅也因此消失。

我可以重新決定我是否願意再愛。

經過了好些年的心理準備，很多的自省，我也可以開始愛我的媽媽、愛我的爸爸，而不再帶有一種盡孝義務或是「我對你們寬恕、我對你們比較好」的想法。

在愛裡面沒有誰對誰比較好。

我們是一體的，我們都在享受，我們都受到滋養。

如果你認為你在愛一個人，但你卻感到受苦，那不是愛，那是扭曲的有條件的愛。

真愛是你覺得自己完整，所以自然流動的。這個完整不是條件上的完美，不是你有多高尚多有錢多美才能愛，而是你真的滿溢著喜悅，看見對方的時候，根本不會去想自己缺了什麼、對方缺了什麼。

你無需調動什麼，在愛中一切都很好。

當我可以和原生家庭很好，我也不必在意是不是和婆家不平衡。
我在過程中發現，原來我和婆家不好，是因為我背著一個框架，覺得自己怎麼可以背叛爸媽，逃到另外一個家享受幸福？
以前很想嫁人，是以為外面有更多的愛，所以逃離，但是心中有缺愛的黑洞，逃到哪裡都會創造新的漩渦，使人無法自拔。

所以一切的答案不都是源自於愛嗎？
是我們對愛貼上了錯誤的認定，於是愛變得越來越難，越來越多限制。

一個心結解開，你會發現所有的結都有能力解開。

現在我和爸媽和好，和公婆當然也可以很好。
因為我的內在是滿足平衡的。
我是有能力給愛的，給我自己，給爸媽、給小孩……

自我之愛的旅程重不重要？

好重要，因為這是關係到你會不會幸福的旅程。

無論你多成功，多有錢，只要你還仇視誰，你的心中就有一根針，那是你自己不願意拔除的。

而那其實只是你還不夠愛自己，還無法完全接納自己的某個部分，所以只好找一個人來恨。

愛自己，全然的愛自己，包括你的失敗、你的無助、你的不知所措。

像神愛你一樣的愛你自己，如果是這樣，誰還能傷害你？

你對自己的愛有多深？

小練習八〈寫一封情書給自己〉

歐拉小叮嚀：

你收過情書嗎？你希望收到怎樣的情書呢？希望他人看見你什麼樣的美好？希望得到無條件的愛與肯定嗎？

文情並茂，熱情洋溢，向自己大聲告白，看見自己的美，並且無條件的欣賞那些不完美的部分。

承諾自己，你會永遠愛著你，不離不棄，親自己一百下，沉迷於自我之愛吧！

這個練習非常適合想要吸引靈魂伴侶以及愛你的人的朋友們。

當我們先學會愛自己，就更容易吸引來那些懂得愛我們的人。

詳細步驟：自由發揮，給自己一個安靜的片刻，大膽地揮灑，寫完之後心情會很好喔！

005 父母關係

有網友問我：「聽說與父母的關係不好，也會影響到自己的豐盛，是不是一定要去處理呢？」

嗯……先來定義一下我對豐盛的想法是什麼。我覺得**豐盛是擁有可以自由學習、旅行、創造的金錢，能給自己高品質的生活，擁有很多時間，同時在各種關係中感覺平衡自在，能夠自然的給出愛，也在各個面向感覺飽滿豐足。**

如果你認為的豐盛和我差不多，我會說：「是的，你需要去面對與處理，那個你尚未能流動、未能讓你滿足的那一塊。」

因為父母是我們身為人，來到人間的第一個關係。對潛意識來說，那是與神之間的關係。如果一個和父母關係非常不好的人，在世界上常常會有「我總是孤單一人」、「這輩子我只能靠自己」、「不要太信賴他人以免被背叛」的這類想法。

與源頭的關係斷絕，除了在情感上無法被滋養、不易感覺到支持，「自己身為神聖的個體是受到看顧的」這種層面也比較難去體會。（當然還是有例外，像是非常早就覺醒的人。）

但當我們開始要擴展自己的豐盛，不論是金錢還是關係，或是多重的認知和體驗，在發展到我們盡人事所做的極限後，就會發現自己的限制往往不是外在環境的不足，而是自己內在的恐懼與自我否定。

許多人會開始向內探索源頭，而發覺那些阻撓我們走向豐足或是更大的自我成功的，幾乎都是父母留給我們的模式與印記。

於是我們可能會為了破解這些枷鎖，而走向父母，探索與源頭的關係，我們帶著目的性，甚至帶著一些怨懟與無奈，哀怨地憐憫自己為何沒有選到一個好父母？為什麼遇不到無需你擔心，就幫你鋪好一切道路的好爸媽？

但我要跟你說，真的沒有「不是」的父母。這句話不是道德勸說，也非要遵照二十四孝的傳統。

每個靈魂當初選擇投身的家庭，都有自己生命劇本的規劃。

在不同的靈性體系中，有不同的描述。有的說是好多個靈魂家族的成員，開會共同商議要完成何種體驗，幫助靈魂成長；也有的體系說是剛死亡的人，在中陰身的階段，就會回顧過去一生的生命經驗，那些未完成的平衡造成靈魂有特殊感受的經驗，就會形成特殊的振動模式，引導他直接來到相應振動頻率的受孕者身邊，投身於這個母體之中以烙下印記，出生後這印記會繼續幫助他吸引類似的經驗，讓他去學習平衡與超越。

不管是哪種說法，都在告訴你，別再跟父母說：「幹嘛把我生出來？既然不能給我過好日子，幹嘛把我生出來？」

其實，是你來找他們的。

是你要透過他們給予你需要的印記，去完成靈魂所需的學習與經驗。

不是來受苦，不是來受難，而是來超越。

在這場靈魂的遊戲中，每個靈魂玩家都本自具足，但設定就是要你忘了自己的一切具足，忘了你有能力創造一切，忘了你與源頭永遠相連。

好吧，就算是我自己選擇了這樣的父母，但為何去療癒了父母關係，重新回到愛的流動，會幫助我豐盛呢？

因為一切由心造。在創造的法則裡，振動與頻率是所有美好結果的「因」，你可以用努力、用手段、用各種不同的方式去控制你想要的成果出現，那可能是很多的錢、很高的位階。但你會發現心中沒有愛的人，那個內心與源頭永遠有個空隙的人，即使擁有很多，也無法真的快樂、真的滿足。他總會再想擁有更多，他的生命不會因為充滿了錢與成功而滿足，他總是需要努力、努力再努力，並且不斷地驅逐那些生命中的不和諧。因為他與源頭的關係不和諧，他在潛意識中也不會和自己和諧，就更不可能和所有的關係和諧。

內在有那麼多不和諧，生命就會是費力的，是需要不斷競爭、打倒他人的狀態。

而一個與源頭和解，不勉強給愛卻會自然流動出愛的關係，一個不用費力卻能信賴源頭的狀態，將成為他擴散到每個創造之中和諧的振動因了。他無需費力，因為每個回應他振動的事件都是和諧，他在和諧之中生活、工作，自然而然美好。

天生天養，自然飽滿。

我相信你比較喜歡這樣的豐盛吧？

那我們可以怎麼做？

如果此刻我和父母的關係不好，我無法接受他們的行為，我還有怨氣，或他們已經離世，我還可以改變嗎？

絕對可以改變，就如同前面說的，重點是在你的心。當你的心轉換了，頻率與現象自然就會改變。

第一步是**練習接受這個靈魂劇本，是我選擇的**。練習接受那些不愉快已經發生了，但重點是此刻的我怎麼去看待它。我是選擇逃避，還是只是看著？或是已經慢慢理解？

不用強迫自己一下子就要理解。

但先把「這是我選擇的」、「現在我要重新調整面對的態度」放在心裡。

第二步是**允許你的內在小孩，你的傷痛可以發聲**。不是每個人都有機會，可以直接跟父母說「你傷害了我」，也不是每個關係都適用這樣的直來直往。

所以我希望你練習做自己的傾聽者、療癒師。讓你內在的受傷小孩（小時候受到創傷的那個年紀，我們的人格會分裂出一個保護性的性格，那通常是我們情緒的來源。）可以透過你而得到傾聽和療癒的機會。讓我們透過小練習來幫助內在的情緒糾結可以發聲，找到出口。

小練習九〈畫出憤怒〉（可搭配小練習一〈書寫情緒〉）

歐拉小叮嚀：

我們每個人生命中或多或少都有比較巨大的創痛，當我們已經學會用練習一和練習五進行自我療癒之後，有時候還是會發現它殘存在我們的潛意識裡，時不時跑出來影響我們。

當然你可以選擇找有經驗的療癒師協助，也可以同步練習去認識自己的心靈。

問問過往的自己，你當下憤怒的點是什麼？你是怎麼想的？

允許自己說出來，寫出來，畫出來。

一遍、十遍、二十遍……每個人的心靈狀態不同，如果你就是需要宣洩幾十遍或幾百遍才能夠恢復平靜，那就這麼做。一次又一次，你會發現情緒也是一種生命力和能量，很美，而你有力量轉化。

詳細步驟：（影片引導）

影片請掃

把過去的傷痛一直背在身上，影響未來，這並不是一種健康的方法。

第三步：**把你的憤怒傷痛，釋放到沒有情緒，只剩下最簡單的情節。**

那就可以來做：和解練習。

請回到小練習五。

內在中，再次將自己的心充滿光、愛，並且能再次祝福對方。

如果發現做不到，那有可能是對對方還有怨懟，就回來第二步驟，或等待契機，覺得自己準備好再做吧。

當你能真心感謝父母，無礙的在心中給出祝福，在內在畫面中擁抱的時候，外在世界的不和諧將開始漸漸消融，很多做這個練習的朋友都與我分享他們神奇的改變。

最後要提醒大家，雖然父母關係是一個很大的功課，看到身邊幸福美滿的人，也會敦促自己要快點達到同樣的境界，但人生終究不是一場競賽，每個人都有自己的進程。

所有的發生除了自己準備好，調整了想法以及付出了決心，也需要耐心的累積與灌溉，才能有足夠的能量去推動轉化。

以上的關係療癒其實適用於所有的關係。你不一定非要從父母關係開始練習，也可以從你覺得比較容易釋放的部分下手，也許是鄰居、不太熟的同事，都可以是很好的練習。

你的每一個進步都在為你打開更多的可能性，而豐盛其實來自於我們不再自我設限一切應該怎樣發生、到達什麼狀態的時候，自然而然的流動產生。所以任何的刻意而為、自我鞭打、自怨自艾，都是一種壓力、一種非滿溢的狀態。

我希望在療癒的過程中，我們學會的是如何愛自己，並發現我們能在所有的關係中認出愛、認出美。

成長是一個逐漸改變認知能力的過程。而能認知到越多，你就能感受到更多。

祝福。

補充：雖然和解是一個很重要的步驟，但我不建議還在處理父母嚴重創傷的人，立馬去做這件事，尤其是家暴、性侵這類情況。請先設下界線，尋求保護，等狀態比較平和安全，再進一步嘗試。

此篇是給目標是豐盛的人們，以及此刻能專心回顧生命歷程的人們。所以，請不要直接把文章丟給創傷嚴重的人，別給他壓力逼迫他和解，好嗎？

006 恐懼的背後是潛能

二〇一四年，我第一次上瑜伽師資班，就是跑去中國福州。我和一位台灣女生一起前去，人生地不熟。上課地點是在福州山區的一個山莊，光是山路就要開一兩個小時的車，到了那邊我們看到如人間仙境的學習環境，都很興奮！

但是，開始上課的第一天，我的愉悅心情徹底盪到谷底。因為主辦請了一個美國助教來當翻譯，她翻的中文我大概只聽得懂一半。再加上是專業的瑜伽語言，翻譯自己也感到十分吃力。而我本來以為靈性學習通常是很輕鬆自在的，但沒想到那次的上課氛圍有如聯考考前特訓班的嚴肅。

前面幾天，我上課都超級緊繃，因為隔天早上一進到教室，就馬上進小組，「開始小考」！天啊！前一天我都還沒能完全聽懂，抽卡片問到我的時候，我只能誠實的說：「我不會。」（我以為誠實就是美德啊。）

小組長用鼻音跟我說：「我跟你說，我們每一天都會小考，小考也是要算成績的，在這邊每一個東西都要算成績，最後還有大考跟口試，你好好加油。」（內在的意涵就是，台灣來的你也太瞎了吧？竟然敢說不會，一副嬌嬌女的樣子……）

其他同學更讓我詫異！怎麼每個人口條都超好，被問到的時候，說出的答案有如滔滔江水連綿不絕，雖然未必是百分百正確，但就會在時間內講好講滿。（後來我才知道，這就是他們的學習態度，管它對不對，講了至少有分數，而且要假裝自己是對的，要充滿信心地講。）

我開始狂抄筆記。（第一天就狂抄了，第二天被釘之後，筆記抄得更兇猛。）但是因為聽懂的有限，就是聽進來的全抄了也不知道明天會不會過關啊！晚上回房休息的時候，我就開始看我的筆記，片片斷斷的，課本又是英文，這這這到底該怎麼應付考試呢？

於是我每天念書到晚上十一點半，早上三點半起床做早課，根本只睡四小時啊！休息時間我也總是戰戰兢兢，因為我分配到的工作，是要負責叫大家準時進教室，所以休息時間我也沒得休息。

我整個人ㄍㄧㄥ到爆，我向台灣的老師求救，可是因為網路很慢，也沒能問上幾題。我問台灣上同樣課程的同學，他們都說台灣考試超輕鬆，上課都在睡，讓我嫉妒死了啦！我每天都好想回家，但我連哭的時間都沒有，只能盡快處理完眼前的現實，先求活下去，走完這十三天再哭吧……

兩天過去，翻譯的中文當然不會那麼快就變好。不過到第四天的時候，有了一個轉機。

第一天小組長就告知大家要試教，可是因為沒有公布日期，所以也不知道什麼時候才要試教。第四天早上突然說：「今天我們要有一個人先上台試教，誰要第一個啊？」我們組的同學幾乎都是瑜伽老師，不然就是上完昆達師資第一週，都很厲害，但他們你看我我看你，沒有人舉手。

這次我簡直是抓到一個大好機會！我立刻舉手喊：「我！」（在台灣我絕對不會做這種事，哈哈，直到生死交關才會知道自己的潛能在哪裡。）全部的人都愣住了，看著我，小組長也用難以置信的眼神說：「你確定？」（後來才知道她一開始就對我的長相和能力有種偏見，那是課程結束後大家互相坦承分享，我才知道的。）我點頭說：「嗯！」（其實我心裡是想：讓我早死早超生吧！）

下午四點二十五分開始試教，我調整好自己的頻率，講完誓言，就不再緊張了。這是我生平第一次正式教一堂瑜伽課。

課程非常準時的教完，但這對中國人來說好像是不可能的任務。

結束的時候，我才看見每個人的表情，大家都微笑的看著我。連小組長也是。

發生什麼事？好像有一個什麼按鈕，就這樣被打開了，同學們搶著講我上課的優點。（後來我和室友聊天，才發現別組的中國同學都互相挑錯，非常廝殺。）

小組長還是保有她的高度，講了非常非常多要注意的地方。

可是我發現到她內在的歧視與傲慢不見了，我完全接收大家幫我調整的每個部分，收穫超多，那都是自己原本看不到的。雖然筆記做到爆，可是我已經不覺得有被貶低的感覺。

那天晚上，同組的同學們都跑來和我聊天。他們說好感動，我竟然會選第一個，說我好勇敢，好像我做了一件什麼大事拯救了他們一樣。中國同學的可愛就是一旦他認定了你，那個熱情啊，真的是非常掏心的！

隔天，還是一樣要小組考試，但氣氛全然不同了。小組長不再掛念小組是不是第一名，而是非常仔細地幫我們找出每題的答案，如何用最精簡的方式答題，又可以拿到分數。同學在答題和分享的過程中也開始有了笑容。

我又再次發現，原來一個人的改變與突破，就足以改變一群人。我們的心融在一起了，我們開始變成最團結的小組。

後來我把每天早上小組長的問答記錄下來。每天小考前就這樣不斷的自我檢測，不會的就隔天發問，同學還來跟我借筆記。考試結束後，小組長來跟我說：「韋婷，你口試和筆試都滿分，但是因為這樣太奇怪了，所以我扣了0.5，希望你不要想你哪裡答錯。」（雖然這樣的邏輯很怪，為什麼我不能拿滿分呢？可是我已經夠開心了。而且其實是不公布分數的，沒有人會知道自己的分數，她還特別跑來跟我說，我已經覺得足夠了。）

總之我從一開始的什麼都不會，到因為願意去面對壓力和恐懼，使出渾身解數，而扭轉了全局。不只改變了全組的氣氛，自己也收穫滿滿，最後我的分數是全班最高的。

壓力，就像是黑洞，激發你看見自己的潛能，引導你進入另一個新世界。這樣的結果，這樣的劇情，都是我在第一天無法想像的。

可是是什麼改變了一切呢？是自己的決定。

去向每個迎面而來的挑戰說「YES」就對了。

勇敢不是因為沒有恐懼，而是我們選擇超越恐懼。

當我們超越了恐懼，超越了恐懼給我們的劇情，每一刻都回到「我們的創造」，那個當下的安忍與喜悅就能夠綻放。

第二章　如果你不為自己而活，誰為你而活？

001 活出自己的力量

每個禮拜都會收到幾封學生或是網友的來信，陳述他們在生活中遇到的苦惱與疑惑。

我不是諮商達人，或修生命選擇學的博士，我沒有最正確、最好的解答。

但每當有人問我問題，我就會去思考「自己」是怎麼做的？怎麼處理的？因為我無法給出不是我的答案。「真實」在我之內一直是個很大的力量與標準。

最近我被學生問了一個很大的問題：「我如何活出自己的力量？」

不只一個人這麼問我，但我想他們會問我，表示認同我有活出自己的那一份力量。我當然也很樂於分享，只是這個問題跨越的維度很多，我必須好好的想一想：我是怎麼走過來的呢？

我是如何定義力量？我從什麼經驗中體會力量？

過去的我對力量的定義是較陽性的，這些定義來自於家人、生命經驗，還有社會眼光。

例如從前，我覺得會賺錢的人很有力量，因為家中的經濟支柱可以決定大部分的事情，有權力作主。

我也覺得聰明的人很有力量，因為他們可以調動那些資訊不足以及懶得學習的人，去幫他做他要做的事，讓他人進入他的遊戲規則裡。

我還覺得在上位者、權威人士很有力量，因為他可以掌握主流風向，引導大家跟隨。

你也可以試著列出你認為有力量的人事物規則，然後去檢視它從哪裡來的？是誰說的？這是真的嗎？

當我看到過往的自己，發現很多人陷在金錢與權威的力量之中。我們對有錢有權的人低頭，因為內在的我們是自卑的、覺得無力的。可是當新聞報導某某名媛發生問題、某某名師斂財時，我們又集體攻擊，好像終於可以一出怨氣：這可恨的金錢世界、權力遊戲，哈哈哈活該！並且，看到有錢人慷慨大方捐獻時，覺得那是應該的，有錢人本來就該貢獻社會、幫助窮人，誰教你那麼有錢？誰教你那麼聰明？誰教你那麼會操作？你受一點苦、付出多一點，也只是平衡而已。

你如何得到你認為是骯髒、討厭、抗拒的力量？

財富金鑰系統說：「兩個相反的東西，無法同時存在於同一地方。」

你一方面羨慕、期待與渴求力量降臨，一方面對於那些活出自己的人們憎恨。期待能審判他人，也就代表目前心中充滿了批判與各種未能滿足的框架。如果你總是在心裡鄙視它、反抗與咒罵著，你有沒有想過，那可能是因為你不想正視自己心裡的自卑自恨而找的掩飾？

很多人會這樣想：「金錢會腐敗人心。」、「欲望很危險。」、「如果我有錢，我會被討厭、被嫉妒、被需索。我會失去自由。」真的嗎？這是屬於誰的想法？

我覺得金錢是中性的，端看操作它的人怎麼去使用。也許會有一些文章指出金錢是現實世界最大的幻象和陷阱，要讓人類集體意識被控制。嗯！我相信。也許有一天會有一個更好的資源交流的方式出現，但絕對不是靠集體的審判對抗攻擊，而是由能夠用更高角度看待與尊重金流的人，去創造更多人的共享富足。

要逃出陷阱與遊戲的方式不是咒罵設計陷阱的人，而是能夠願意超越限制，願意進入一探究竟，才有機會找到出路。

我們就是被設定要活在這充滿誘惑陷阱與可能性的世界，這同時也是你靈魂的選擇。

既然是遊戲，那就一定有破關的方法，所有遊戲都一樣，只是待在原地就沒什麼好玩了！

只願意在遠處觀看且任意評斷的人，永遠無法真的理解力量本身。

就像站在海邊看他人衝浪，能夠學會真正駕馭浪潮的技巧嗎？能夠體會如何與海水的力量合一嗎？

如果我真心的想要活出力量，那麼我必須去探索什麼是力量，並且讓我所認同的那種力量的「意識」在我身上體現出來，活出來。

所以我開始一個個的去經驗去學習，去體驗我想體驗的、想成為的品質。

破關的方法很簡單：就是「行動」與「不斷地超越」，以及瞭解你除了是遊戲螢幕中的那個小人，你也是遊戲外面操作它的人。

如果你身邊有任何人說：「你做不到，不要去。」或是說：「你應該……」太好了，這就是你的第一關。

我大學剛畢業的時候，我有四個工作：網拍、拍廣告、家教、教鋼琴。我的時間自由，月收入三萬多，對很多畢業生來說算是很好了。

但是我不快樂。

因為我的爸爸說：「怎麼不去找一份正職的工作？」我的經紀人說：「你還要再努力一點，不然把你降價出售。」鋼琴教室老闆說：「你的業績不夠，你必須要向學生賣琴。」每個人都叫我做他們覺得我該做的事，告訴我什麼是對我好。沒有人看到真正的我是什麼？沒有人問我喜歡什麼。連我自己也不知道自己是誰？可以成就什麼？

我並沒有正面與他們衝突，我還是繼續完成我分內的工作。

但是我的心裡計劃著一個大逃脫！我要儲備能量，我要成為我所要成為的。持續每日每夜的自我溝通。兩年後……

我的鋼琴學生爆增，老闆肯定我。
我有喜歡我的導演，指定我拍廣告。
我有小小的成績，這些耐心的鍛鍊也成就了現在的我。

可是我心裡準備好了要出走，雖然我不知道我可以去做什麼、學什麼？
我覺得我需要去一個沒有人會告訴我怎樣才是對的地方，去感受自由，知道自己有沒有能力在這世界活下去？還是真的像大人說的，做自己會餓死？
我發現我想出國試看看，我覺得那是可以給自己最大刺激與成長的機會。
去一個完全陌生、沒有人告訴你該怎麼做才是對的地方，去印證自己。

我不是一個很會存錢的人，但我用半年的時間研究澳洲打工的所有資訊，我分析哪裡打工的人最少，薪水最高，每週最低的生活費是多少，以及如何用最少的錢生存下來。
於是我帶著三萬台幣跑到澳洲打工度假。
（對，三萬，因為我那時候是個月光族。）

當我踏上澳洲的土地，我第一次感覺到自由，沒有人知道我是誰，我可以自由的選擇我要當什麼、做什麼。

我在飯店打掃。
我穿破掉的衣服。
我每餐吃漢堡。
我曬得很黑。
我身材變壯。
沒有人可以管我。

但同時我也為自己的選擇負責，我是最認真打掃的員工。
主管最愛排我的班，有雙倍薪水的假日班一定會幫我排上去。
我每天早上手都痛醒，因為每天要搬二十幾張床。
我承擔自己的生活，健康，因為在那裡我沒有健保。
（澳洲太多人甚至因為補牙很貴而把牙齒拔掉。）

自由的感覺很奇妙，那讓人感覺在飛，很輕盈，可是下面沒有人會接住你。

你必須信任自己，你必須盡一切的力量拍動翅膀，然後信任空氣（宇宙法則）會帶著你前進。

也是在那邊，我開始經營部落格，把我認為對別人有用的資訊分享出去。

因為是我自己走過的路，我知道別人的疑惑與需求。

那時，每當我走在達爾文的小鎮上，總有背包客會跟我打招呼：「你是蕾拉嗎？我們都有看你的文章。」（那時部落格叫「蕾拉拉的達爾文週記」。）

那是我第一次找到自己的價值。

後來……後來……我就是一次又一次這樣任性的選擇了讓別人錯愕的路。

我進入身心靈。

我學水晶溝通。

我學風水。

我上瑜伽師資。

我出國進修。

常常身邊的人會用他們的框架問我：「你小孩太小，會想你吧？」、「你老公會不會說話？」或是用一種偏見，覺得：「你走火入魔，和水晶、高我說話？」

（在二〇一一年的時候，我沒有遮掩的去學習各種東西，而且都直接在網路分享心得。對當時的家人和同事朋友來說，都覺得非常驚訝。）

我沒辦法正面去解釋什麼。

但常常是這樣的刺激，給了我更大的動力與想法！

「有人這樣問了！那我要做嗎？」

「我為什麼想做？好！那我怎麼做？」

我不是因為別人反對所以刻意去做，而是藉由這樣的提問，讓我好好思索自己。

反而讓我更突破之前的盲點，更貼近自己的初心。

如果你不做某件事，我希望不是因為別人叫你放棄才放棄的。

而是你真的想過了，這與你的價值觀不符。所以讓你做不下去。

如果你決心要做，我也希望不是誰推你做。
而是你真心想做，所以沒有人能讓你放棄。
當你是真心的想完成一件事情，全宇宙都會來幫你的，不是嗎？

那些質疑，都只是在演出你害怕面對的內在小聲音而已。
每隻小鳥學飛之前，誰說牠不會站在高處躊躇很久？心裡瑟瑟發抖？
直到真的放手一搏，就會發覺飛翔是天性。

我一直都相信，初心不同，結果就不同。
去玩、去創造，力量才會顯現。

小練習十〈將力量收回〉

歐拉小叮嚀：

停止內在的小聲音，建立自己的守門人。每次想做自己，內在的聲音卻升起來的時候，每次浮現某個人的告誡指導讓你很緊張無力的時候，問問自己：「這信念是屬於誰的？」去感受這個想法、感覺、情緒是你的嗎？還是別人加在你身上的，讓你覺得不這樣做不行？覺知哪些信念是別人的，你無需全盤接受。你可以擁有自己的人生，為自己的決定負責。**「我不需要收下每個人的建議，我為我的選擇全然負責。」**

詳細步驟：當我們啟動守門人，我們就要在生活中，無時無刻想像有一個教練存在在我們的腦海。

只要負面信念升起，只要某個想法讓你沒力量，就去問自己：「這是屬於誰的？」、「我不需要收下每個人的建議，我為我的選擇全然負責。」

002 成為自己，放下內在喧囂的聲音

在我的風水工作裡面，第一個步驟通常都是清理空間。這並不是因為空間很沉重不潔必須要淨化（當然偶爾也是啦），而是清理與釋放掉那些我們此刻不再需要的能量。例如：對某人的執著（可能是思念或怨恨）、對自己的框架（不行或不應該）。

當我們願意讓它們離開，也就是允許了新的可能性進來。我們會覺得比較輕鬆，覺得自己有更多的選擇權。

也有時候我們不好意思放下，是因為有罪惡感。

我真的可以自由的做我自己嗎？

我真的可以不要繼承父親的家業、拋棄母親的期待、無視伴侶的辛勞犧牲以及子女家庭的責任嗎？

做自己讓人覺得非常非常罪惡。彷彿只要提到了自己，就是世界上最自私的人。

其實有時候是內在糾結矛盾的想法綁住了你，而這想法來自於「二元對立」的世界觀。

如果不怎麼怎麼樣，就是不負責任的。

如果不怎麼怎麼樣，就是自私的。

你內在的價值觀如此非黑即白，致使你想要做對、做好，得到完美答案，做到世俗標準認可的狀態。

可是，現實人生沒有完美答案，總是有第三、第四種可能。

當你釋放了越多內在的框架，你所感受到的可能性就越多。

我不是在教你拋家棄子辭職喔！

我來講一個自己的故事，可能很多網友已經看過很多遍了，但它就是一個「放下內在的小聲音，持續往目標前進」的故事。

二〇一三年的時候，我開始對靈性／神祕學有興趣，不只是對於學習那些知識有興趣，也渴望著自己能夠長成一個更新、更自由、更有力量的我。

但那時的我覺得我有好多的考量：小孩、工作、時間、伴侶的看法、家人同事的眼光。

有人覺得我很有行動力、很果決。相信我，如果你去問我老公，那時的我是怎樣的一個性格，你便會發現和現在的我截然不同。我當時是一個非常害羞，買什麼東西和老闆溝通都要我老公在場，都要看他點頭說可以我才敢買那個東西的小女孩。如果店員很酷，我會離開那家店，然後好多天都在想說能怎樣買到那個東西，不乾脆到我老公都覺得不可思議。

但當我開始有了真正的夢想，我內在彷彿有一個新的我開始新生、想要主導。舊的我一面說：「哎呦，不行哪，他們會覺得我很怪啊！」新的我第一個行動就是跟老公報告：「我要去上一個課喔，叫做水晶溝通。」老公沒有什麼反應，反正是我自己出錢。

一開始的時候，我也很怕我老公有意見，每一次我想上課，都要提起好大的勇氣，問我老公，再確認一下。到後來我開口跟我老公說：「我要上課喔。」他只會回我：「什麼時候？要請我媽媽幫忙嗎？」

就這樣，我放下我的第一個限制——那個凡事都要老公同意才能去做的自己。

剛開始學習的時候孩子還很小，需要人照顧，當時和婆婆還有些緊張，但是課程報名了，常常假日都必須上課。

為了完成我的目標，我說服自己放下恐懼，打電話給婆婆和我的爸媽，請長輩幫忙。現在都還記得打電話前的緊張感，但是不問怎麼知道呢？如果被拒絕再說嘛！只要我內在渴望上課的心比被拒絕的恐懼害怕強大1%就夠了。

說實話，請求幫忙對我來說真的是很大的挑戰。但我還是持續這麼做，後續每次上課前依然緊張的打給長輩，一直到三、四年後，我才習慣開口時不要內疚，並且享受著有人可以如此的支持我。

但當然，超越內在小我的聲音這件事，只要一止息，又要重新來過。

小我永遠不可能消失，它就是我們內建自我安全的一個機制。

我們可以做的是與它和諧共處，是擁抱與感謝，而不是讓它做主，使人生永遠的停在舒適圈。

你身為自己王國的主人，必須判斷國安軍事大臣與經濟財政大臣的意見，必須採用還是駁回，以達到王國的發展永續。

話說回來，內疚、不安、恐懼、道德、是非、約束……真的能阻止一個人前進嗎？我覺得那都是自己合理化的藉口。只要你對目標的渴望不夠強烈，就一定可以找到很多的理由來阻止自己前進。

前面分享的是學習過程中的突破，現在來說說工作的部分。

結婚後我有個穩定的三萬元工作，就是在老公羽翼之下，安穩的生活。不過，一直這樣安穩，對我來說其實非常的痛苦，我的主場不在那裡。我本來希望透過協助老公經營事業，來滿足自己內在的渴望與價值感，但是沒有辦法。

後來我決定離開這份安定，踏入自己心中喜歡的領域。靠著我已經學會也想分享的那些部分，開始經營自己的工作室。

我可是非常努力，不是有客人才工作。

我每天都在工作，沒客人的時候我會練習精進、會寫文章、會冥想，會複習產品，會思考大眾的需求。一週五天，讓自己穩定的工作著，而非像大家所想像的自由工作者，沒事就是在家玩。（但是開始穩定豐盛後，我便將上班時間逐漸減少，多留些時間給家人。）

至於金錢的部分，我所有的學費都是自己賺、自己出。一開始為了籌七萬元的學費，我賣掉了我的琴。後來每年出國進修的幾十萬元，每一次都是我自己出的。

沒有存款怕不怕？也是會覺得：啊！又歸零了。但我沒有和家人要錢去做我想做的，沒錢，那就等待，不然就是去創造更多服務的機會。通常宇宙都會幫助真心想服務的人達成心願。

說這麼多，你覺得我放下的是什麼？是小孩還是老公？是琴或穩定的工作？

不不不，都不是。

我放下的是內在那些喧鬧不休的聲音，那些阻撓我成為自己的想法，以及我的恐懼與限制。

我因為有目標而能夠放下我已經習慣幾十年的價值觀。

那些我的家人朋友及社會抱持的應該，應該是我的負擔嗎？

我應該為了誰而捨棄我的人生？

如果我願意，誰說魚與熊掌不可兼得？

我可以有豐盛，有自由的時間，有和樂的家庭。
我知道我在創造什麼樣的願景。

但我沒有說這是簡單的，並不像丟垃圾一樣，一丟就完事了。
我是一次又一次，一次又一次，每一次起頭都要面對內在的緊張糾結，然後**釐清自己，再次面對自己的渴望，放下那些不必要的綑綁**。

然後，隨著時間，越來越長成目標中的自己。
就像種子一樣，你只能長成你自己。
你今天又為自己灌溉了什麼？並移除吸附你養分的雜草了嗎？
不要花精力去應付別人的想法，這會賦予他人的想法力量。

我們可以很圓融，我們可以珍惜身邊的人，就因為這份愛，我知道當我活得好，活出我的光，活出我的驕傲我的美，他們終將被我的陽光普照，而啟發他們也去脫離框架，成為自己。

小練習十一〈無條件支持自己〉

歐拉小叮嚀：

每天花三分鐘對著鏡子，和鏡子裡的那個人說說話，問問他：「你想要成為什麼？」

「我無條件的支持你，無條件的愛你。」

「我會陪你走到最後。」

去感受你的身心合而為一。

沒有什麼過不去的，只要每天都這樣陪著自己走一點點，終究有一天會量子跳躍的。

詳細步驟：一開始不知道要對鏡子裡的自己說什麼也沒關係，微笑，說「加油」！

每次看到自己，就自我肯定一次：「**你是最棒的，你一定可以完成。**」

當我們先建構了自我鼓勵的神經連結，我們就會是自己最強大的啦啦隊。

003 成為我所要成為的

經營自己的夢想生活，已超過十年了（自二〇一二年至今），這十多年來，是一步又一步的往真實的自己與自由走去。

也希望分享這樣的自由心態與方法，給正在路上的你們。

雖然有點不自量力，也曾經被笑被批評，但每次聽到某些人給予的回饋，知曉他們因為一篇文或一堂課而真的得到支持，走出去，就覺得我也被滋養了，內在的初衷始終都在，不能忘記。

我想也是因為我把靈性生活化，可以養活自己、出國進修、帶全家人旅遊，過著還不錯的自我實現的狀態。

許多人告訴我，她們的老公也會看我的文章，並且支持老婆出來學習靈性，或做靈性的服務。甚至跟她們說：「如果能像歐拉那樣也不錯。」

哇！能夠產生這樣的效果真是我始料未及的，因為我只是想鼓勵一些和我一樣曾經卡在家庭、無法做自己的媽媽們，能夠活出自己的精彩。

不過，這一路走來，並不完全是前進的。需要很多的磨合，放下，突破，面對。

所以，對於那些寄望自己的老婆可以在帶小孩之餘，又能出得廳堂，上得廚房，還有豐厚的經濟能力，拯救你枯燥又沒有活出自己的生命……的那些老公們。

我想說你們對於自己老婆的期望，並不是一種支持。有時候是一種否定，你在否定她目前的狀態和付出，而那源自於你沒有活出自己的部分。

你知道我走到現在，要面對多少的恐懼、挑戰去穿越它們嗎？直到現在都還是如此。

我第一次出來教學，是我大女兒一歲的時候，我還在餵母奶，而且我和婆家的關係有點緊張。我老公對於靈性沒有什麼興趣（現在也是啦），他只是覺得如果我心情那麼差，去接觸靈性可以比較快樂，那就去吧，不用跟他討論太多。

那時老公的事業很忙碌，我總是在家顧小孩，所以當我受邀無償的去教學，我內心其實非常的喜悅、興奮和激動。一方面擔心自己是否有能力可以帶領人，另一方面，我想著要如何處理小孩的照顧問題。難道要因為沒有收入的教學，讓老公回家顧小孩？這在當時是不可能的選項。

所以我鼓起勇氣，打給我的婆婆，請她幫忙。

這對我來說，真的是非常大的跳躍。認識我的人，都知道我非常非常害羞，更不用說是八年前，嘴巴更是笨拙，然後我們又有關係上的緊張。我要如何向婆家陳述我在做的事？那相當於「靈性出櫃」那麼的大條。

同時我也有自己內在需要跨越的部分。小時候，媽媽需要去遠地工作，形成了我的分離創傷，我一直很恐懼這樣的情節會再次發生在我的孩子身上，可是當我開始了自我實現的生活，很多時候就是必須把孩子托給別人照顧。

我的婆婆是一個非常非常愛孩子的人。每次我要去上課、進修，她都會告訴我：「如果是我，我放不下孩子。我沒辦法做到耶……」你知道一個童年有分離創傷的人，明明已經很努力不想要造成孩子的不安，但是沒有實現自己又會覺得快窒息，再聽到這樣的一句話，內在都開始在滴血了，滿滿都是對孩子的罪惡感。

可是我還是去了。我靈性出櫃了，不管是婆家還是娘家，那時候他們都覺得我好像走火入魔，每天在那邊冥想、點香，還和水晶溝通。家人們都是我臉書好友，每天在臉書看我寫著學習的內容，以及冥想收到的訊息。

哥哥擔心我變成神經病，我的婆婆以為我會出家，拋棄小孩。

那時我老公呢？

他沒什麼太大的反應，也沒幫我說太多，就是讓我自己一個人去處理。

而他做得最棒的一件事，就是「沒有吵我」。

在我打文章打到十二點的時候，他沒有吵我。

在我早上四點起床冥想的時候，他沒有管我。

在我沒學費把琴賣掉的時候，他沒有吵我。

在我把家裡買成水晶礦坑的時候，他沒有唸我。

我不知道他為什麼沒有吵我。你以為他一開始就很認同嗎？也沒有。

當我學完花精想要幫他施作，他很抗拒。

當我學完頌缽，想要幫他療癒，他說：「你是女巫喔？要作法喔？」

對我的表情一整個訕笑，更別說是療癒完後明明睡死，卻還要跟我說：「完全沒有感覺。」那種和家人完全不同世界的感覺，我就這麼走過來。

老公始終覺得，我做這些事情是跟他無關的，他只要我把孩子顧好。所以我每天仍然是餵奶、煮飯，照顧小孩。

一直到二〇一四年，我去美國十一天。

終於，我老公要承擔十一天顧小孩的重責大任了。我離開之前，很愧疚的哭了，因為我覺得自己為了自我實踐而離開了他們。我還在我的分離創傷情結中，可是那真的不妨礙我前進。

參加完美國瑜伽節後，我的內在有了很大的轉變。我突然意識到：「表面上，也許支持與幫助看起來很少，可是實際上，也許就是要這樣的安排，我才能夠長成這樣。」

總之，回來後我非常非常的感謝我老公。

但那時的他，還是覺得「回來就好」，並不會特別看好我的工作或表現，即使那時我已經在風水的工作上做得不錯了。

再撐到二〇一五年，我帶著老公和大女兒一起去法國參加昆達里尼瑜伽節，那是我的夢想，我終於實現了。

在此之前我也因為接觸了高我，移除了很多內在的木馬程式。更能做自己，內外在更合一。去到法國的時候，先生原本很不想參與我們的活動，但一進入瑜伽節的場地，他看到那邊的人，他突然理解了我在努力與實踐的內外在生活是什麼。

回國以後，大家都說他變帥了，而他也更散發著不同的能量。（所以有時候，對伴侶真的要有極大的耐心、容量，尊重他的進程。）

他開始比較知道我在做什麼，也因為我們去法國的美麗照片，朋友和客人也都會與他討論靈性與我的工作，很多人讚美我的成長，老公更是理所當然的支持。

所以家人不懂？不支持？唉呀，不阻止就是最大的支持好嗎？

同年十月，我到泰國進修瑜伽。

那時我已經覺得自己是完全的幸福和自由。

我在一次很深的冥想中，看到婆婆對我的支持，雖然我們以前總是互相投射恐懼在對方身上——我們都聽了太多婆媳不合的故事。

可是在那一次冥想中，那些投射都消融了。從此之後我再也不會對她的一言一行感到壓力，我只覺得她是我的大天使。

而從開始到現在，她真的是孩子最棒的保母以及救火隊，可以說沒她就沒有我的成就。

還在怪罪先生不會調解婆媳問題嗎？

老公幫忙有時越幫越忙，因為婆婆需要的是被尊重與被需要，而不是聽兒子幫太太說話。自己的問題要自己去面對與處理，任何第三人都沒有辦法解決的。

就在我覺得自己已經幸福快樂，可以寫成小說「Happy Forever」結局的時候……

啊！我又懷孕了！

女生和男生最大的不同，在於生一個小孩，不只是懷孕十個月加上坐月子一個月的生理狀態不同。

而是所有的工作都因此停擺，你如何轉換你好不容易努力到現在的工作心態，回到平凡？很多人都說要上你的課，身邊的人也都支持你走這條路，但卻又要再次的放下、放手，去專心孕育一個生命。

當時我想，頂多就是休息一兩年吧，卻沒有想過，難的並不在那一兩年內，而在後續要回到工作與學習時，又要再次經驗內在的拉扯，而且生第二個孩子之後，身體需要恢復的時間更長。

這些過程，都需要對自己有很大的耐心和愛心。全然的接納自己的狀態。

而這時候老公開始參與了大女兒的照顧，分擔了我的工作。看起來我似乎出頭天了。但有時候很奇怪，如果很少參與，也許會心存尊敬吧！一旦老公開始參與，他覺得自己也會做得很好的時候，就開始碎唸了。所以我們夫妻反而是在第二個孩子出生後，非常常吵架，我總是覺得他在講我做不好，總是只看到壞的、不好的、挑剔的，但我也不想要做不好，而是我就只能做到這樣啊！

很多次我希望溝通，希望他理解，最後的結果還是吵架，並不因為我說了我的困難就得到優待。那時真的滿失落的，進入一個低潮。也曾想過自己能不能一個人生活？不過後來我還是相信自己可以走出來，因為力量不是任何人可以給你的。如果必須要老公認同我才能活出自我，那我還教學分享個屁啊？

於是我開始畫畫，開始練習我的瑜伽。
開始盡我的力量，先對自己好。

有時候很奇怪，你越想要那個人愛你、支持你，就越得不到。
因為你一直在向宇宙宣告：「沒有」，宇宙只能回應你：「沒有」。
從不看韓劇的我，那時開始看韓劇，去轉換我的情緒。
但我常常感到失落：如果我不能要求我老公成為我想要的樣子，是不是就代表我這輩子都不可能擁有我想要的愛了呢？
我永遠不用渴望愛情了嗎？需要放棄這個選項嗎？
這些想法糾纏了我一陣子，但最後我還是跨越了。

因為如果我都沒有辦法跳脫翻轉，我的學生們怎麼辦？（你們是我最大動力來源啊！）
我找了一張照片，代表我心目中希望的關係品質，放在手機桌面。
在心裡深深的感受我已經擁有這樣的關係品質。
我先這樣的愛自己，於是我讓自己有「我源源不絕的愛」。
我深愛我自己，我就是自己最寶貝的寶貝。

奇蹟課程我沒操練完，但記得裡面有句話說：「凡不真實的，必定不存在，凡真實的，必不受傷害。」
所有的受傷都是我們誤以為自己與上主分離的幻象。
當我停止自我攻擊，我就能從眼前的世界中抽身。
我一次又一次的練習著停止自我批評。
從「我不是一個好妻子、好媽媽，我不夠好」，到我寬恕自己有這樣的分裂感。
這只是過程啊，不會永遠這樣，專注在你想要的美好。

把能量專注在眼前的風暴，是給予風暴力量；專注在問題，也是給了問題力量。
我只專注在我真心想要、我的靈魂喜悅的地方。慢慢一步一步的走到現在。

寫到這裡，我想說：「如果你認為你身邊的誰應該成為某某，你還是專注在成為你自己吧。如果你認為必須要有誰幫你才會成功，你還是先專注在幫自己吧。」

最後，很多事情不行動，永遠不會開始。不管你再渴望，不管你再好。

感恩老公協助我越來越多，從二〇一七年開始，很多的風水工作，他載著我去；偶爾晚上要進修，他會幫我哄小孩睡覺。最近我晚上要唸經，他也都會自動帶孩子洗澡，然後叫孩子去睡覺；當我說我要帶團出國，他也說會配合我。我更開心他找到真愛：自行車，還因此去參加比賽。為了支持他參賽，比賽期間我也扛下一打二的任務。

一句很激勵的話，送給你！

「如果你不為自己而活，誰為你而活？」

當你很清楚自己想要什麼，並真的很認真實踐於生活的時候，你的家人都會看在眼裡。靈性與物質是合一的，所有的行動裡都包含著靈性（你的思想與能量），而所有的靈性裡也都要包含著現實（你的行動與策略），當你做到這樣，沒有人能阻止你去做你想做的事。

「**我能成為我所要成為的。**」這是財富金鑰系統裡面的肯定語，它包含了思想與行動的完美合一，代表神的意旨與自我意志的完美合一。送給你。

小練習十二〈承諾並成為〉

歐拉小叮嚀：

思考自己想要成為什麼品質的人，和第七個小練習〈思索熱情〉不太一樣：熱情是你停不下來會去做的事，透過時間的累積，你真正的將自己的熱情化為了更具體的作品，呈現出成果，豐富了你的生活。成為某種品質的人更像是我們思考一種精神上的本質。哪一種人讓你覺得很棒並且心生嚮往？很有勇氣？有力量？很溫暖？其實這些都是你靈魂渴望呈現與學習的品質。與其去羨慕他人，何不讓自己成為？當你內在真正擁有這種品質的時候，你感受到的不只是成就感，更是靈魂的滿足。

詳細步驟：花一點時間靜下心來，問問自己我想要成為什麼品質的人？以及我願意花多久時間承諾自己一直往那個品質邁進呢？貼在每天都會看到的地方。每天多對自己溫暖一些，多鼓勵自己勇敢，就像是培育孩子一樣，每天鼓勵自己前進吧！

004　為夢想操練一百次都不嫌多

以前我常會思考，自己是不是不值得那麼好？過往常聽見有人說我：

「她就是幸運啦，有一個老公養她。」

「她也太大膽了吧，才上完課兩個月就開始招生。」

「她應該是前世有契約，這輩子才有這麼多人找她。」

過去我會陷入這些評語之中，然後感覺自己好像真的只是因為幸運，所以才比他人經營的順利。我是不是其實無德又無能，不被允許站上現在的位置？但是又思考著在那個當下，如果我不去分享，沒有人知道真的太可惜了。於是一面害怕自己的不足會遺害人間，一面思考著自己的定位：我想做的是分享與陪伴，一個推動別人接觸的角色，而最後的經驗，是由他們自己去定義。然後推動。

一直到和朋友聊天，他們說要學習我的勇氣，我才突然說出我為自己做了什麼，然後發現自己真的值得這些好。

他人視角：「才上完高我課程兩個月，就自己開課教高我。真是敢啊。」

我的視角：別人上完課，是一天書寫十五分鐘，或是一週書寫個一兩次。我是上課前就天天書寫，上完課後，更是一天書寫兩到三個小時。我把所有工作都停下來，每天就是開挖自己，有一點點的情緒，我就書寫出來，去感受那個源頭是什麼。我非常認真的在生活中操練，任何內容，我都試著在書寫中與自己對話。

是這樣子的每日紮根，然後我真的感到受益良多，有了很多前進的動力，所以想要分享。

但別人只看到：「你怎麼那麼快？憑什麼？」

當然真實教課時，一定有經驗上的不足與挫折，可是我覺得分享是對的事，可以助人的事，我還是帶著挫折做下去。一開始每次開課都只有三到五人，持續了快一年。為了讓自己更成熟，更能協助學生，我把生活中的知行合一，練得更精實。所有教學生的，我自己要練得更多更透徹，並不是拿到師資我就覺得自己可以停下來。

他人視角：「你瑜伽師資培訓還沒畢業時，就敢招生？」

我從二〇一三年開始學瑜伽，在完全沒有要當瑜伽老師的念頭時，就已經每天練習。到了二〇一四年開始去美國參加瑜伽節，我又練更多，有時候一天可以練二到三個小時。到我真的開始師資培訓時，我早已經有教課的經驗了。自己本來就有很多學生，雖然不是瑜伽學生，但我喜歡在課堂上帶他們做些簡單的呼吸法，他們都很有興趣。當時也沒有要正式招生，只是想說有同學想練習，既然教一個也要花時間，不如有空的人一起來團練。

沒想到竟然有三十個人要學，所以我就「上路」了。

也因為這樣，我非常認真的學習，每天早上四點爬起來做早課，為我的教學努力。在師資培訓時，老師說的每一句話，培訓師的每個付出，都讓我感受良多，印象深刻，他們就是我那時候最棒的榜樣，因為有學生在等著我回去分享，而使得我兢兢業業，像海綿一樣的瘋狂吸收。

他人視角：「你風水顧問學習還沒有畢業前，就已經做了三十個風水空間，賺了很多錢。」

是的，從老師說我們可以開始實習的時候，我就馬上公布了我的服務。

一開始要去別人的空間做風水，也是很緊張的。當時心裡很害怕，可是卻也覺得是使命、是認同。個案願意讓我去他們家做風水，真的是很大的信任。

你願意一天北中南跑，坐三次高鐵趕場嗎？

印象中有一天沒有吃飯，從苗栗做第一間，到嘉義第二間，然後晚上七點再去一場淡水。

當時我就是這麼努力的把工作接下來，不能讓個案等待。（當然那是一個過程，現在會讓自己是平衡的。）

我一直在身體上鍛鍊，讓自己可以撐得起這份工作，因為教學、療癒、空間風水，都需要大量的能量。

如果自己的氣不穩定，就會背負太多沉重而生病，那麼工作也無法長久。

當我練習昆達瑜伽、練習高我書寫、整合我的知行合一，一天一天的累積時，不知不覺間，我已經完成了很多事情。

這對別人來說，只看到「你太快了吧」。但只有我知道，我每一天投入了多少心血，我有多專注在做一件事。

不過我也謝謝這些聲音，影響我，給我壓力，讓我更想要把服務與教學做好。

我不希望只是因為幸運，我也想分享真正好的事物。

所有分享都是我自己反芻與消化才來到你的面前，而非便宜的立馬轉貼、複製貼上。

雖然我的努力有些人看不見也無法理解，但現在我很享受這樣的不理解，因為這是讚美，是羨慕的投射，是人們之間行動累積差異化的證明。

內在的小女孩長大了，可以包容得了更多聲音，好好的支持自己與他人。

你有夢想嗎？有願景嗎？目前還沒人看見你嗎？

沒關係，在無人知曉的地方，頭腦中、心中、手中都操練一百次。

宇宙怎麼可能不幫你長出翅膀？

每日去做你想要深入的事，好好紮根，在無人處享受孤獨的操練，那些你累積的時光，都是對自己最好的投資，這世界上大概沒有什麼是比投資自己更穩賺不賠了。

005 夠完美才夠資格

今天在臉書上看了些文，到了晚上陪孩子睡覺的時候，其中兩篇文章突然從我的腦中經過。在看文章文字的時候，我感覺到一些思想上的衝擊，但又說不出有什麼問題，感覺邏輯也滿正確的，都是合情合理。

但到了晚上，它們再次流經我頭腦的時候，媽呀！它們根本是兩個理念衝突的文章啊！我怎麼會讓它們就這樣流過？

這就好像我一隻手拿著宇宙無敵的盾，另一隻手拿著宇宙無敵的矛，但都不是我的，真是尷尬。

我其實覺得兩邊都很有道理，但是此刻我想釐清一下自己真正的想法，因為我的頭腦覺得我很怪，為何可以接納兩種有些對立的想法，所以邊寫邊想自己中心的那個容納點是什麼？結果會不會把我自己給搞死呢？我不知道。

好了，回到文章，其中一篇文章是要鼓勵想要出來服務，卻一直無法跨出第一步的朋友：「**你其實不用等到夠好了才出發。**」

另外一篇則是點出一些現實的盲點：「有些老師／分享者本身才結婚兩年，卻教人如何經營婚姻。」

舉了一些不同的例子，就是教練或分享者似乎自己也還沒有經驗到那樣深刻的程度，卻要幫很多人解決問題。

好像真的很衝突，這使我突然很想接著照樣造句，於是想了三個：

「離過婚的老師，教人如何經營兩性關係。」

「抽脂過的美魔女教你如何瘦身？」

「不入世被供奉的教主，教你如何在世間圓滿。」

我平常真的不會覺得他們不能這麼做。

但是因為寫成文字，被邏輯化了，被頭腦看見了，突然覺得好衝突。

可是這世界不就是這樣嗎？

真的有很多人，雖然自己不是那樣完美的狀態，例如有美好的婚姻，美好的生活品質，世俗的事業，健康的身體（好多上師身體不好），但他們還是傳播著善的訊息，促使著一些人改變。

所以說，到底誰是對的？誰是錯的啊？

我個人是覺得「都沒錯」，讓我再來釐清一下。

1. 你可以不用夠好才出來服務。

但不代表你可以不用努力，不代表你可以沒有熱情與真心。

而且如果你今天就是很熱血的感受到你被某個工具支持了、改變了，你很希望把這個美好擴散出去，Why not？

你的內在與外在狀態如何，總會有相應的人事物來修正你。

保持著內在的純粹，不用管別人怎麼說，適合你的、可以從你這裡受益的人，同頻共振，就是會出現。

一直忍著自己的熱情卻做著不愛的工作，反而會內傷，不符合神性與人性。

2. 不怎麼樣的人，卻在教導別人應該怎麼樣。

資深資淺未必是重點，因為很多靈魂累世的確有經驗到很多的學習。但聽的人也要保有內在的覺知，不要完全把力量交託給看起來崇高厲害的人。如果總是希望有個老師可以拯救你，那麼你永遠都找不到自己的內在力量。

我們可以敞開的學習，聆聽看看不同的觀點，但最後還是要自己去消化，為自己的每個決定負責任。

而不是聽了某個老師說什麼，那我就不要再做什麼。

例如：有的老師會說媽媽最好在家帶孩子三年，但有的母親就是需要出來工作，雖然老師講的有道理，可是媽媽做不到，就會一直背負著對孩子的愧疚。

沒有老師是完美的，不管他修到多高。

如果你願意聽他說他沒經歷過的，也是「你的選擇」。

或是覺得一個老師一定要怎麼樣才能服務，那也是個人的想法和看法。

有時候沒經驗過的人，說不定反而沒有框架。

3. 在寶瓶年代，人人都有機會成為老師，人人都能成為自己的大師，這是資訊爆炸的年代，也是考驗每個人如何使用自己內在智慧和直覺的年代。

保持和自己相處的時間。

每天至少給自己三十分鐘獨處，寫寫日記，冥想，畫畫，散步……都是超高級的投資。

擁有自己思考與整合的時間，你自然能夠辨認什麼適合你，並且專心去創造你要的未來。

至於外面的生態吵吵鬧鬧，不關你的事，物競天擇，有夠多有覺知的人，這種混亂自然也沒市場。

006 遭遇困難時，記得想著你要的未來

我記得十二年前，我和老公準備結婚，我們在找房子。

我們在內湖區看了一兩年，一直都沒有看到喜歡的。

終於有一天，老公說：「我發現一條路，裡面的感覺很不錯喔。」

於是一天晚上，他騎著摩托車，載著我，流動在那條路與它的巷子中，我們邊騎邊感覺著，哇！這裡晚上好安靜，空氣好清新，住戶很溫馨，而且被自然包圍。

我們都感覺這是我們喜歡的環境。

路的盡頭，有一個非常漂亮的社區，那看起來是我們負擔不起的高級住宅。

但都來了，我們問警衛大哥：「我們可以參觀嗎？這邊有人在賣房子嗎？」

沒想到警衛大哥說：「有一戶是建商的，沒有賣，可是真的很棒，我帶你們去參觀。」

啊？沒有賣，警衛大哥這樣不好吧！你也太熱情。但不知為何我們就一直跟著他走進電梯，走到最頂樓，然後進入一個空房。

我們看著屋內，覺得是我們看過的房子裡最美的了。

警衛大哥說：「你們還沒有看到最特別的。」
他帶我們走到陽台，把門一推說：「外面有個十八坪的露台。」

當時天已黑，晚上十點多了。
我緊張的走出去……
哇！那一刻，星星、山、林中的聲音包圍著我，一種完全不同於室內的神奇氛圍。
我的內心受到震撼！
好喜歡這房子！但它沒有賣啊……

我們謝謝警衛大哥的導遊，回家後這房子再也無法離開我的心。
我叫老公一次又一次帶我去那附近，我跟老公說：「我覺得那個就是我家啊，我已經可以想到我在裡面生活的樣子！」
別的房子我已經都沒有興趣了，於是我們只好直接去找建商。

當時還沒三十歲的我們，就像屁孩一樣進入建設公司，接待我們的大哥，很冷酷、很理性，讓我印象深刻。

當時他給的價錢，我們負擔不起，因為我們沒有那麼多自備款——那是我們自備款的兩倍。他說：「那你們回去考慮吧！以後也不會有這樣的房子了。」

我們又回到那個社區，這次是早上，我們又拜託社區警衛讓我們上去。我站在露台，站在空間裡，我很確定這是我的家啊！

我深深喜歡著它。我跟老公說，我們買吧。（當時我的存款是零耶，我真的沒想那麼多，我再想辦法借錢吧。）

我全然的想像著自己住在裡面，我的心非常非常肯定這是我的家。

結果奇蹟發生了！

在簽約的時候，建商大哥說今天老闆開價開錯了，少寫了一百八十萬，但他決定將錯就錯，把房子賣掉就好。

而因為少了這一百八十萬，以房子本身的價值，我們貸到了接近全額的貸款。也得到了爸爸媽媽的支持，我們原有的存款就用來裝潢。

住進去之後，我快速的懷孕，進入身心靈。那個空間的推動與滋養，一直讓我深深的感恩。

你相信自己值得更好的嗎？

當你相信，你會願意用一切方法努力。
而宇宙會回應你的要求。
原本的不可能，就會變得可能。
你的第一步，是百分之百相信。

小練習十三〈想像你要的〉

歐拉小叮嚀：

你知道「吸引力法則」嗎？在一百多年前的一個課程——「財富金鑰系統」已經在教授它。更早以前，其實很多的經典與大師們也或多或少的在談論思想的力量。你擁有宇宙中一個非常厲害的創造工具：你的大腦和思想以及潛意識。

你想要得到什麼呢？跟著歐拉的影片來冥想畫面吧！宇宙就會將所需的人事物和方法，帶到你的面前。

詳細步驟：請先找個安靜的時光，好好地寫下你真心想要的，然後跟著歐拉的影片來顯化吧！

影片請掃

第三章　向婚姻中的人們致敬

001 向婚姻中的人們致敬

偶爾會有朋友或網友與我討論她們的婚姻問題，我很少會覺得單純就是哪一個人「做不對」。因為自己進入婚姻第十年，跨越了所謂的七年之癢，穿越了兩次的婚姻危機。我的婚齡真的不算長，但每穿越過一次就感覺猶有進步的空間。生命真的是會在把人逼到受不了的地方，再給予你一個機會和出口，一旦你（對，就是你）願意給自己力量，而不是把自己放在受害者的角色上，慢慢地，你會成為那個扭轉自己生命最重要的人。（貴人當然也需要，可是自己喜愛沉溺的人，別人怎麼用力拉也有限。）

我和先生是愛情長跑才結婚的。以前總會以為，交往八年還結婚，應該就是非常確定是這個人了吧？

也會有人說我們：「真好，沒有浪費時間就找到真愛。」還有朋友會羨慕我們有深厚的感情基礎，所以磨合期比較少。

我也以為耶！

至少在我們交往八年的時間裡，真的很少吵架，吵架也不會大吵，更不會冷戰。我很容易講完就沒事了，不然就是吵一吵笑場。所以我會覺得，我們結婚一定是幸福快樂美滿一輩子，完全不用有什麼心理準備啊。

可是真的很奇怪，彷彿一結婚，整個家族序列一改變，自己內在的優先順序，在乎的點，就突然變了。整個家族都好像跟你有關係，你好像不需要有人跟你說什麼，就可以感受得到一股莫名的壓力，讓你開始從無憂無慮的少女，開始將家族的思想背在肩上。

舉個滿多人遇到的例子，例如生了小孩之後，你會想：我生這個孩子，是我自己的還是全家的？（你自己心裡可能有一個答案，但同時又可以感受得到群體的想法。）你的教養方式開始無法如你預期的一樣，會被很多外力、很多意見籠罩，你會失落、會沮喪，會想要掙脫。但是這時候你發現你不知道自己該不該和先生說。因為你最親的戰友是先生，但先生是家族的人，不論他是否支持你，真的願意站出來宣揚你理念的先生真的很少，更別說一不小心會引發家庭戰爭，所以多數都是保持沉默的。當你的想法有異於全家族，突然有種很矛盾的矛盾，必須要自己去消化。

當這樣的矛盾，一個兩個三個四個在生活中不斷增加的時候，兩個人之間的距離就被拉大了。因為你會發現，有些話，好像即使最親的人也要看狀況來說。更何況，有的夫妻之間的信任度沒有那麼深，講了害怕對方生氣，就更保留了。

長久下來的阻斷溝通，即使沒有什麼特別的事需要爭吵，但情感的交流就漸漸消失了。我想這是為什麼有人會說：「啊，老夫老妻了，還要什麼用心？浪漫？」好像連看著對方的眼睛，和對方手牽手都有點尷尬。

當溝通逐漸的不流動，且自己也產生了一些既定的想法，如果此時又正值自己的低潮期，就會創造出更多的事件來證明「我跟你真的講不通」、「你真的不是好伴侶」、「為什麼你不能幫我說話？」……很多很多的怨懟、情緒就上來了。

在情緒中的對談最容易誤傷對方，明明只是想要表達「我很無助，我需要你的幫忙」，一不小心變成數落大會：「每次我在忙，你都在滑手機」、「誰講我壞話，你竟然不否認」、「我很累你都幫不上忙，有沒有你有差嗎？」這樣的對談通常很難善終。

越想越把自己放在一個受害者的區塊。

為了合理自己的受傷程度，想當然爾，對方一定要更壞才行，把對方所有不OK的行為都細數一遍，然後再蒐集對方對自己不好的證據。現在連對方沒做什麼，都成了你內在的假想敵。久而久之，你真的會幫自己樹立一個監牢了。在這監牢裡，你是仲裁者，是犯人，也是受害者，然後你的伴侶看起來是導致這一切不幸的人。

「喔……我真後悔選擇了他。」

「如果能夠重來一次多好？」你開始否定了自己現在的所有一切。

走過兩次婚姻危機的我發現，雖然伴侶是當事人之一，但其實我才是那個起始的人。

我們的受傷與無力，很多時候來自於我的膽怯，深怕做自己會遭受攻擊。正因為自己無法對自己想做的、想表達的勇敢堅持，但也不想怪罪自己，所以身邊的這個人就是我最好的怪罪對象。

「你不是要讓我幸福嗎？」

「你不是要給我依靠嗎？」

「你怎麼能讓我有委屈呢？」

有一個假想的幸福婚姻畫面，使我們都一直以為優質的婚姻是來自優質的另一半。今天如果我的生活有問題了，有可能是選錯人了。

我們覺得自己努力了、奮鬥了卻還是不行，那對方怎麼還是一副沒怎樣的樣子？真是恨不得我的痛苦也能讓他嘗一嘗。

「我不好過，你怎麼可以在家裡爽？」

寫到這裡，真的是要給所有感到委屈的人拍一拍，抱一抱。我所寫的東西絕不是要指控誰，而是我自己走過了之後，回頭看見自己上演的內心戲。如果能夠透過分享這奇異黑暗的內心劇場，而能使你有一絲曙光，那麼我就讓自己曝光吧。

每個人的內在都難免有黑暗的角落，那是我們不喜歡看見與接受，最無力的地方。承認自己無能真的很難，如果能怪罪，比較簡單。承認自己沒有那麼好真的很難，如果能夠怨懟時不我與，比較好受。抱怨時機不好，抱怨景氣，抱怨伴侶……就可以掩飾我們內在那個還沒有活出自己的不安。

經歷兩次，我很想逃離，很想一切重新開始，但最後我還是耐著性子，重建了自己。我不能告訴你離開是對的或離開是錯的。但如果你想試試重建自己，可以接著看下去，我自己走過的痕跡。

1. 沒有能量的人，是無法重建自己的。

因為生病或身體不好的時候，非常的脆弱，非常需要身邊的人的關注。但反過來說，也可能是有一個渴求愛的想法，一直促使你生病與虛弱。所以自己要去回溯自己幼年的軌跡。找到源頭，並開始移除必須要生病才能得到愛的信念。然後重新的好好愛自己，照顧自己的身體，而不是把力量放在證明自己是個多好的人。

之前會依靠能量產品或是某些老師，雖然也都有效，但畢竟不是來自自身的智慧與力量，沒有那麼穩定與持續。真的很推薦練習昆達瑜伽。不是故意推坑，而是九年前我開始練習的時候，很快的在身體與心理上都能自立起來。

2. 尋找能讓自己抒發情緒的方法。

固定的在生活中實踐。

去打拳擊發洩、跳跳舞、唱唱歌、畫畫、書寫、運動，一週至少一次。

情緒要能夠抒發，整個人就會變輕鬆，變清爽，當自己內在沒有那麼多情緒，你會發現看對方也是順眼的，容量也大。

也不用和對方吵架，吵架不會抒發情緒，只會更氣。

當對方很想找你麻煩的時候，你就想：「他壓力很大，他沒活出自己」這樣就好，也能同理他。

3. 開始規劃自己的人生。

你不需要被允許，才能過自己想要的人生。但是要記得，自己想要的，自己想辦法創造，不要因為跟家人要錢要不到而怪別人阻擋你。

你已經長大了，如果有小孩，把小孩安排好之後，去做自己喜歡的事。如果你很忙，一週一小時總有吧。強迫性的把那一小時留給自己，然後隨著能力的增加，逐漸的擴展時數。

想創業的，不要等到一切時間金錢到位才做。你有時間上網，沒時間開一個部落格？一個粉絲頁？一個IG帳號？那都是可以用零碎時間管理的。

你以為大老闆都是很閒，一開始什麼都具備才能做生意？沒有啊，由小做起，這個時代沒有什麼不可能。

4. 當你學會照顧自己，就會使自己有能量。

當你學會釋放情緒，當你學會創造自己的生活，你覺得你還需要一個給你承諾，給你幸福，討好你，對你言聽計從的伴侶嗎？你還會覺得你的幸福是對方的責任嗎？

那為什麼還要伴侶？
是因為寂寞嗎？是因為想要有戀愛的感覺？
是為了省生活費？還是為了合法的生小孩？
其實以上的理由我覺得都ＯＫ啊，因為即使有什麼神聖的原因結合，最終我們都還是要回來面對自己，看清自己，活出自己。

伴侶是讓我在這樣的道路上變得更豐富的人。
有時候他帶給我們刺激挫折，有時候他帶給我們甜蜜感動。
他反映與反射了我內在的自我攻擊，他也呈現了我如何自愛自我珍惜的指數。
伴侶可說是多功能修行小幫手啊！所以 Yogi Bhajan 說婚姻是最高形式的瑜伽，一點也沒有錯。

學會感恩對方的存在。

無論你決定是否走下去，唯有理解對方能成就你的成長，你才能真正的超越。

寫了這麼多，會不會嚇到還沒有結婚的人？
別怕，路，都是走出來的。
只要一個人永遠不放棄自己，永遠對自己誠實，我相信你的伴侶也會隨著你的改變而有改變。

檯面上美麗的伴侶們，也許不見得有我這樣的內在小劇場，但我想也都有經歷過彼此的低潮與磨合。**能夠在婚姻關係之中去鍛鍊與轉化和重生，絕不是靠單方的依賴，而是自己有著那個要更好、要自己長出強壯翅膀的信念。**

我想正是因為靈魂決定了要成長，才會安排彼此進入生命，所以我真的很感謝我的老公，以及曾經與我磨合的家人們。

當你安適了自己，無處不感覺到祝福。

祝福大家。

002　謝謝你成就了我

老公說跟我在一起，心臟要很大顆。

我說：「跟你在一起，很考驗一個人的內在狀態。」

交往八年，談戀愛時還年輕，其實沒想那麼多。二十到二十八的歲月，只想著自己要做什麼好？老公經營髮廊，工作一向很忙，而我是個宅女，在婚前我們做的最大一件事，就是一起出國打工一年。對處女座的他來說，完全是打破計畫，只能放手跟隨。

回來開店，結婚，一切順利。

婚後我們一起上班，當然很開心，充滿了希望。

不過這時開始，也有很多東西衝擊著我，我說和他在一起「考驗內在狀態」就是從這裡開始。

我們一起上班，薪水我訂。

我從沒有上過固定的班，我只好參考外面的行情，做一個櫃檯，我給自己23K。

但慢慢地，我開始不滿足於自己的收入，因為我不只是接待客人、當會計，我還要上網寫文章，辦活動，我的朋友親戚網友人脈都來了，自卑感讓我想要更多被肯定的價值。我和老闆

（老公）申請，我要抽成。

但是我一樣不知道自己值多少錢。所以我底薪加抽成，加一加就是三萬多元。

我開心嗎？某方面來說，我可以體驗一切的學習，我可以做任何我想做的活動並驗證它。

但另一方面，我很痛苦，我覺得身為老公，怎麼都不主動問我要什麼？怎麼都要我自己一直要？一直表現？

於是我們開始會討論錢的事。

老公說：「你要用錢，就自己去戶頭領。」

可是從小，我媽媽的錢都是自己賺的，她叫我不要靠男人，我「覺得」我也不想靠男人，我想要自己賺。可是怎麼賺？我又不會剪頭髮？叫我算薪水給自己，用外面的行情，我就只值這麼多。

我很痛苦，我真的很痛苦。

因為我把金錢的價值和我自己畫上等號。還有，當我不認同老公的錢是我的錢，我的貧窮感就不會改變，我還是一個死上班族。

我覺得他的錢既不屬於我，我也沒臉主動要。

我在等待老公主動幫我加薪、主動送我名牌，主動滿足我所有需求。

我發現我內在其實超想依賴，超不想自己賺錢，因為我覺得我根本就沒辦法賺到我要的錢。我開始生氣，表面上是外在不如我意，實際上是我氣自己怎麼只能這樣，內在的自尊與自卑更讓我不想開口。

我一定要改變現狀！

所以我上身心靈課程、上財商課程找方法，我要「方法」，有什麼方法可以「改變」呢？

「那既然老公不給我，只能自己爭取，如果我要抽更多，全店營業額就要高。公司營業額要高，員工的思想很重要。」我當時這麼想。

於是我在公司辦讀書會，講吸引力法則，講夢想，講人生藍圖。（如果是現在，學生應該會很羨慕，因為是免費的。）但在當時，除了極少數人覺得不錯，大部分的人都覺得：「為什麼我們要做這個？」

在別人不需要的時候，給他們那些東西，真的一點用也沒有。

公司氣氛很糟，老公心臟很大顆，統統承受下來，除了支持，其他都沒說。

撐了一年，讀書會大家都做不下去了，最後不了了之。我選擇離開，我帶著我的課題：「不能從別人身上找認同與價值」，回家修煉。

我開始做我自己喜歡的事。

水晶、分享、花精，很快的我的收人也和上班差不多，三萬多。

我又去上我愛的課，繼續分享到現在。現在我的收入比老公還高，我是沒有底薪的，自己是自己的老闆。

我領悟到，其實我老公就像宇宙一樣，他允許你做任何事情，他允許你有任何的體驗。你想做，說出來，他就給你空間去發揮。

但是，因為我們從未被人這樣允許過，所以我們會怕。

「這樣可以嗎？失敗怎麼辦？」

「別人會怎麼想？」

「你怎麼不告訴我答案？」

「我想被引導、被保護。」

「為什麼你不直接給我？」

因為不知道自己，也不知道他，所以那種無所適從會變成牽拖的憤怒。

「你什麼都沒給我！」

我後來跟他說：「要能理解你的人，內在要很強大，要能知道自己是誰，不然空間太大會感到無所適從。如果成為你老婆都要經過三年才能領悟，那別人會不懂，也理所當然了。」

結論是什麼？不管你此刻有沒有在婚姻裡，**別再因為任何藉口而停止自己的夢想**。就去了解自己，不要怕，做自己想做的事就對了，沒有對錯，曾經的錯也會是一種動力，不要等別人允許才開始。別把別人當藉口。

你身邊出現的人，其實都是要幫助你更好，不管此刻看來有多壞，走過之後，你會發現祝福。

003 完美我的伴侶

結婚六週年的時候我寫了一篇臉書文章讚揚我老公，很多人看完我的六週年結婚感言，內在也有些觸動：「好羨慕」、「也好想遇到支持自己的伴侶」、「你的翻轉怎麼開始的？」。

這要講講每個人都有的「過去」，我在七歲以前是跟著爺爺奶奶住在高雄，他們對我很好。但是我總是覺得，如果我可以「更好」那我就能得到「更多愛」，我就可以像哥哥一樣去台北。所以我很愛撒嬌、愛爭寵，覺得我不能輸給同年紀的人。再加上我媽媽給我一副可愛的外表，去到哪裡人家都稱讚我的長相，不知不覺我也自認為自己是公主，理應擁有比別人更好的人生。

很多的種子都在小時候種下，就如同每個人一樣，你的原生家庭，給予你一套看似自動發展的劇本，讓你走向冒險的旅程。

同樣的家庭，同樣的父母，甚至同一個時辰生出來的雙胞胎，會因對自我認定的不同，而創造出完全不同的人生觀，所以「棋局」一樣，但「下棋」的人不一樣，將會有完全不同的結果。

說回來，正因為「我覺得」自己應該得到「別人」很多愛，尤其是我爸媽的愛，於是這個主軸就無限上綱到所有的層面。一方面要當好小孩要讓他們喜歡，另外一方面，我也在每一個領域中去贏得別人的喜愛，簡直是一個吸愛機器。那種內部心理的建構並不像電視劇演的如此陰暗可怕，但卻也十分複雜，通常當事人都不會覺察。我們為了要得到愛，而默默的吸收了社會的集體意識價值，變成自己的一部分，而認不出真正的自己。

「我是善解人意的」、「我是好相處的」、「我對人沒有分類批判」、「我功課好個性又好」、「我很溫柔」、「我很善良」、「我是每個人的好朋友」……當這樣的自我認同標籤被你自己一個一個貼在身上的時候，你當爛好人的日子就不遠了。因為你以為這就是你，而你將害怕「如果我不是這樣，將沒有人愛我」。

這就是個性形塑人生的開始。

到戀愛的時候，你還是會用同一套，用「善解人意」與「犧牲」來交換對方的愛。

但是很可惜，愛是不能用交換的。

不管你做的再多，對方都沒有義務要愛你。不愛就是不愛，你不能勉強任何人假裝愛你。

我的第一個男友，就是在我虛榮心與自卑心作祟下的悲慘成品。

虛榮心是：我長這麼漂亮，怎麼會沒有人追？

一心想要用親密關係來證明自己是有人愛的，我想也是很多單身人士目前的盲點吧。

可是在一起之後，小時候的種種模式仍在，我並沒有因為交往就變成熟。我們都只是外表成熟的孩子，於是幼稚的玩一些感情遊戲。

「我是公主，你怎麼可以不把我捧在手心？」

我把所有小時候沒有被滿足的渴求都寄託在這個人身上，只因他說他愛我。

這樣的壓力是很驚人的。

恰巧，這個人又是在父母離異的家庭中長大，他並不想要背負任何所謂的責任。

於是一段孽緣就開始了。四年內分分合合，我追他，他追我，他劈腿，我偷吃，我們都用手段想贏到更多小時候沒被滿足的愛，但其實我們只是在演偶像劇，在自己設定的劇情裡面，大哭，大笑，自以為愛的好辛苦。

終於有一天我想清楚了，在這男友跑去美國一個月的空檔裡。

這個清楚就是：「我真的是個很好的人」、「我不用做什麼也會有人愛我懂我」。就在這個開悟的空檔，我才終於遇到我這輩子的先生。

如果沒有這個願意放手，放下從別人身上討愛的模式，你遇到的對象，也只能和你演討愛的劇情。

我的先生，真的讓我覺得很不一樣：有耐心、有責任感、成熟。

但我馬上又遇到另外一個考驗：「我值得擁有愛嗎？」、「會不會太順利的愛情最後會遭天譴？」、「世界上真的有這麼好的人嗎？」、「他會不會突然消失？」我每天腦中裝的都是這些擔憂恐懼。自己又開始編劇，再度演起來。

如果沒有信任的勇氣，那就真的會錯過幸福。

我先生做美髮工作，他每天必須接觸很多女性。如果要拍照，就需要接觸很多的模特兒。對當時什麼都不是的我來說，是很有壓力的。

我既虛榮又自卑。

我透過小時候別人的稱讚假裝虛榮，我又因為不那麼確認自己被愛而自卑。

我是誰？

於是我透過其他的部分來穩固我自己，我先生不看書，我看書。我看完書，就和他講一堆大道理，叫他要成長。（哈哈是不是和現在一堆太太批評先生不靈性、比不上她們一樣啊？其實自卑的人是誰？你想要掌控什麼來滿足你的虛榮？）常常他必須工作到很晚，終於能來找我，我就對他訓話到更晚，說：「你要成功，你要改變，你要帶我出去玩……否則我們就沒辦法在一起。我的家人會不認同。」幸好他沒有跑掉，還把我的某些道理聽進去。

伴侶可能真的是天注定，交往八年我們終於修成正果結婚。其實那時候我都還不懂什麼是愛、什麼是成全、什麼是為對方著想。現在回想起來，是剛好我們彼此身上都有對方追求的東西，是一個互補的關係。雖然不明白真愛是什麼？伴侶應該要怎樣？但因為剛好有這層互相需要的關係在，所以就走了下去，付出一切的抵押下去。

婚後，我還是一樣的想要掌主導棋，因為我還有很多部分沒有辦法被滿足。這部分來自於「我不知道我是誰」，除了長得漂亮、先生開店、小孩可愛，然後呢？我是誰？我是依附在誰的身上生活。我潛意識想要跳脫這層尷尬。於是我逼著先生要成長，要賺錢。彷彿他的榮耀可以遮蔽我內在的荒蕪、我的茫然。

幸好生命不會讓你這樣太久，你的高我會看不下去的。三十歲以前讓你隨便演，三十歲以後要打醒你。

我因為產後憂鬱，開始接觸了身心靈。一開始，我想要的也只是快樂，以及世俗的成功。我追隨的老師，好像也是這樣的引導我。大概一年後，我自己覺得不太對，我似乎還在追求別人的眼光。

我開始尋找比較內在的課程，把焦點向內看。其實一開始有很多東西進來，我無法吸收和理解，有的老師很直接的告訴我，我婚姻中的問題：

「全都是你自己吸引來的，你想要愛。」

我氣死了，我不承認我是這種人，我怎麼會吸引讓我不快樂的事呢？

我老公在我追尋內在這段期間，其實也很尷尬，因為他不明白我內在怎麼了，他想要和他的家人解釋我怎麼了，為什麼不開心？為什麼怪怪的？但常常解釋得很爛，還不如不解釋，所以我們也會吵架。

我常常幻想自己離開……這個家。

所以一對佳偶的形成是容易的嗎？

那時我們已經在一起十年了，都還不是真的了解彼此。

你願意花多少年和你身邊的人修這個學分？

我慢慢越學越多，越走越深。

我沒辦法不往內在走，因為如果不這樣，我可能會上新聞，把自己和孩子都毀了。

當然理智知道不行，可是內在很苦，這苦不是辛苦，而是你不知道自己是什麼東西的一種空虛。

我不管公司了，我也暫時不管小孩了，把小孩送去托嬰，我也不管婆家怎麼說。因為那些話語的確刺激我，可是那個痛其實是我不知道自己是什麼、要什麼的痛。

就是因為沒有自己，才會選擇做別人眼中的自己，但是我不要，所以我要找出來。

我離開老公的公司，不領他的錢。我把我的琴賣掉，湊了七萬。
開始自己的靈性工作，賺了錢，又去上課進修。
第一年可能花了三十萬，第二年我更花了一百萬，但我不是盲目的花錢。
我是真的把我所學變成工具，我不是花老本，我是用靈性工作的錢前往我的更大目標。

過程中我會不會覺得自己的老公都不靈性？和我不同世界？
當然會，也因為自己開始有經濟能力又想要單飛。

但真的感謝昆達里尼瑜伽。
在我去美國瑜伽節的時候，在我被外國人迷惑的時候。（純欣賞啦！）
最後一天老師帶了一個冥想，讓我進入我的未來，這個未來是一個祝福。
我看到我會和我老公一直在一起，而他從過去一直都在，未來也將一直在。
我邊做邊哭……
那一刻我完全的清醒。

你以為你身邊的人只是個凡夫俗子，你自認為自己有多靈性，是仙女還是天使。你以為他不接觸靈性就配不上你，但是宇宙不會安排和你不一樣的人來當你的伴侶，他就是配合著你演出而已。你內在的虛榮與自卑，他配合演出；當你內在真心以他為榮的時候，他也就變了。

這就是昆達里尼瑜伽說的：**當一個女人提升，整個家都會提升。**

回台後，我真心的感激他的存在、他為我做的一切。我邊說邊哭，他也嚇到，卻也覺得：「那你這次拋家棄子十二天很值得。」

後來的每一次進修，都讓我放下更多的小我，真心的感謝與崇敬我的伴侶，讓我真實的表達我內心哪邊驕傲了、無知了。當你的伴侶看到、聽到、感受到你的成長，他的內在就會同步的和你調頻。

他無需上什麼身心靈。因為你就是他的身心靈。

如果你能滿足於自我之愛，你將感受到愛無處不在。如果你能真實的尊重自己，你也將能尊重自己的伴侶。沒有人有義務要對你好，也因此每個好都值得感激。**我們不是靠尋找缺少的**

那一角來圓滿自己，我們是靠認出自己的完整性而活出圓滿。

希望這有回答到你們。

祝福。

004 留意你聽到的故事

有時候，我們被植入不開心的程式，自己卻沒有發現，但其實都是自己選擇要聽進去的。

我就舉我的慘痛例子吧！

在我結婚前，有個同事的大嫂是從東南亞嫁過來的，因為大嫂和哥哥的感情非常好，也有主見，所以原本和哥哥感情也很好的一家人，就跟新來的媳婦吃醋，常常會抱怨哥哥被搶走了。沒多久，孩子生出來了，鄉下人有鄉下的帶法，但是媳婦是高學歷的，於是除了搶哥哥之外的舊恨，加上了搶孫的新仇，她每天都在跟我說大嫂有多過分，真希望他們能離婚之類的。

我聽了半年，這些嫁進去的媳婦不好做的故事就進入了我的心裡，正逢我自己也要辦婚禮，那種兩家人之間交流的點點滴滴，對我來說每一件事情都有可能成為爆炸的壓力，如果有什麼事做不好，會不會也被討厭呢？過往聽過的所有婆媳故事好像都有可能在自己身上發生，雖然最後順利的完成婚禮，但已經在心中種下「婆家不是我家」的小信念，媳婦要小心駛得萬年船。

後來我懷孕的時候，又出現一個新同事，她的遭遇很可憐，懷孕時先生已經不愛她，生下孩子後她想分手，婆家卻不給她孩子，所以還在餵母乳的她就這樣和孩子分開。

我當時真的是個很天真的女孩，我非常敞開，同事說什麼我信什麼，我不是說她們要騙我，但她們都是帶著極大的情緒在述說自己的事，用自己的角度，把自己說成是受害者。那時候我不懂，反正我就信了，我覺得好可憐，接受了他們描述時的所有情緒。

輪到我了，當我生完小孩的時候，我會怎麼樣？

拿著我的濾鏡來檢視一切！

「媽媽這邊來探望都先看我，婆家那邊來探望都先看孩子。」這可能不是真的，但我就開始依照我被植入的想法，去評斷每個人的行為，甚至自己曲解他們的動機。

「他們只想要小孩而已。」然後每一次他們來我都不高興。廢話，我都不會笑也不想說話，誰要理我？當然是去和小孩玩啊。

於是我的程式造就了我的信念和實相：媳婦真的是外人啊，是生小孩的啊。

一個原本疼愛我的家庭，滿心歡喜迎接我加入的家庭，也開始對我議論紛紛：「韋婷怎麼會這樣？」、「媳婦要教啊。」

所幸，這樣一直鑽角尖下去，我自己也受不了我自己了。
我開始向外尋求協助。先去心理諮商，治療產後憂鬱。
然後開始接觸身心靈，一頭熱的找到我的避風塘、找到讓我喘息舒心的方式。
當然一開始，他們都很不習慣，以為我神經壞掉，和什麼天使、水晶說話。
但就在我繼續往前進的時候，我也漸漸看見這一切的經歷都是我自己創造的。
我開始試著放掉這些別人植入的恐懼與憤怒。
真的不容易。

因為不斷地進修以及開始做分享，我需要的個人時間越來越多，我需要幫助。
我最後選擇請婆婆幫忙，放下我的自尊和恐懼。
我開始可以專心走我自己的路。
做身心靈工作，也同時上課，有時候還要出國好多天。

雖然我的恐懼還在，但我心裡明白，她是真的愛我女兒。
我內在明白：我的婆家，是我的家人，不是敵人。但我還不敢真的接受他們的愛，我還有很多害怕要清理。

直到第一個孩子都四歲了。

我的靈性與物質都成長，內在的結越來越少，這過程中我不斷的擴展與交託我自己給神、給宇宙。

在一次的進修課程冥想中，我進入很深很深的愛裡，我發現能走到這裡，成為這樣的我，除了我先生之外，真的要感謝我婆婆，那一刻，我內在所有的害怕痛苦都在我感激的淚水中被洗淨。

我花了四年，脫離這個被植入的程式。

現在我和婆婆之間非常的好。可以聊天，可以互相關心，非常自在，是個令人感到幸福的關係。

回過頭看，生命的發生都有安排。若不是這兩位同事的故事，我無法走入這個領域，或許，會有別的事件發生。但是，故事終究是故事，你想要多快脫離，並且向上跳躍進新的宇宙，端看你願不願意對自己誠實？並且敞開一切去痛、去經驗。

共勉之。

小練習十四〈去除關係中不幸福的信念〉

歐拉小叮嚀：

拿出紙筆，想一想，現在婚姻關係中的困難與障礙，來自曾經聽過誰說的某個故事呢？那個故事讓你感到充滿力量還是受害無力？你還要繼續照這個劇本演嗎？拋下劇本，重新看一看自己最重要的伴侶，你希望往什麼方向前進？你願意為自己做什麼來拿回力量？

詳細步驟：給自己一段安靜的時光，好好釐清那些負面想法和故事是否來自於其他人。並且再重新寫下自己對於理想親密關係的定義和畫面，和歐拉一起冥想顯化吧！（影片引導）

影片請掃

005 王子與公主的故事

今早朋友告訴我韓國演藝圈一對王子與公主的婚姻宣布結束了。說實話，我並不震驚。並不是不相信愛情，而是要單純依靠愛情來維持婚姻，有時候會是無力的。

王子和公主的愛情，與凡人的愛情相比，並沒有比較高尚。愛就是愛，只是他們長得比較賞心悅目，經濟能力也高。身為男神和女神的結合，高顏質與高經濟實力，也許在婚姻初期，能夠有個華麗的開場，可以直接跳過那些篳路藍縷、艱困並肩的時刻。但也因為少了這種共同受難的革命情誼，你與我的其他對象來說，也許就真的只是條件比較好，以及相不相處得來的差別而已。

婚姻的挑戰之處，來自於我們都必須逐漸的在對方面前呈現赤裸的自己，不管你要花多少的時間才能在老公面前放屁？還是可以公然的放鬆做那些你只有自己才敢做的事？你可以選擇一直維持著婚前的矜持，讓你永遠都用上鏡頭的狀態面對著對方。只是這樣你很累，而也沒有信任對方會無條件的接納自己的勇氣。

結婚真的需要勇氣！也需要承諾。

這不只是因為女人結婚後從此會被貼上「某某人老婆」甚至「前妻」的標籤，還代表著你有多大的意願選擇與對方共度所有的困難，以及接納生命自此開始有很多精彩的劇碼上演。而這些困難，真的不是當初在操辦華麗的婚宴、訂美麗的禮服與喜帖時能夠想像的。

很多時候婚後的驚嚇來自於：「天啊！我眼前的人怎麼會這樣？」我不是已經認識他三年、五年、八年……了嗎？原來此刻他才終於放鬆的把自己表現出來，原來他不在乎我怎麼看怎麼想的時候是這樣的！這到底是對我信任還是自我放逐？

那我要愛？不愛？接納？不接納？

我相信對於王子公主來說，包袱越大，衝擊也就越大，也因他們本身就是男神女神的外表與能力。

一般夫妻也許會因為自己沒有經濟能力，或擔心不可能再找到下一個愛情，而隱忍下來，學會接受自己的選擇，也許成就了另一種老夫老妻，相守一生的佳話。

看看自己的爸媽，能夠完全不怨懟對方，把對方當成一生摯愛的，真的是很難得。

婚姻真的是從愛情的幻想中破滅，然後再自己整理著心情，一點一點的把那破滅撿拾起來的過程。

也許是因為珍惜，是因為共同的努力與創造，因為時間的累積，因為捨不得放不下自己曾經的犧牲。然後在重整的過程中又找到了新的火花與共識，產生了新的生命力，讓關係得以蛻變。

但很多人可能是因為沒有選擇，所以在婚姻裡泡著，失去感動與盼望。

所以今天王子與公主，有能力選擇再重新做自己。

有勇氣在社會的評判下公開，沒有什麼好不祝福的，每個人的選擇不同。

而繼續選擇在婚姻裡的，經濟獨立、魅力四射的王子與公主們，我們要讚嘆自己的心與眼光，總能找到對方身上的光芒，是那些微小細膩的發光之處，點亮了婚姻道路上每天驚奇不斷的幽暗小徑，使我們得以一直牽著手，在一路跌跌撞撞，時而溼滑時而黑暗的時刻，保持著信任，能將自己交給對方。

006 看見彼此的靈魂之光

二〇一五年剛從法國瑜伽節回來的時候，老公的靈性光芒大增，很多人看到照片都問我這些問題。

「你老公怎麼都支持你去上課？」

「你們怎麼維繫感情，怎麼在一起那麼久都不會膩？」

「你怎麼追到你老公的？你老公很帥！」

我想大家對於愛情，真的有很多的想像，雖然我不是愛情專家，但如果你們認為我婚姻還滿成功的話，我來分享一下我的觀點以及我們的相處之道。

1. 你以為你愛這個人，其實你只是愛他代表的形象，你愛的是你的想像。

還記得有一天我和老公坐在車上，我說：「也許有一天人們會進步到再也不需要任何的關係，甚至連婚姻也不用。」老公很驚嚇，但卻保持鎮定地問：「為什麼？」

因為我們只會愛上兩種人，一種是我們自己的投影（天哪，他跟我好像喔），另一種則是我們所欠缺的（天哪，他好特別喔）。但其實我們都只是想從對方的身上找到失落的自己，完整自己的這個存在，我們在對方身上尋找神，尋找光芒。可是如果有一天我們意識到，我們自己就是完整的，我們不需要靠關係來完整自己，我們就可以放下關係。

老公說：「有道理。」（處女座的他，好處就在於願意聽道理。）

2. 你愛的，是他帶來的美好。

當你愛上一個人，你看見他的聰明、簡潔明快、體貼，你不是想：「嗯！他跟我很像，我們可以很好相處。」而是想：「太棒了，我要快點捕獲這個男人，因為他可以讓我幸福讓我變得更好。」所以，你愛上的不是他，是他帶來的美好，是你對未來生活的想像。

可是當帥如明星般的男人回到家就開始上網，工作累得像死魚一樣無法與你聊天時，你開始抱怨：「你都不愛我，我等了你一整天，我有好多話想要跟你說，相愛的人不應該是這樣子的，應該是你抱著我，跟我聊天聊到睡著⋯⋯」又如果他不是帥哥的話，大概就抱怨到死了。

（內在小劇場：我都這麼委屈地和你在一起了，你為什麼不珍惜我、好好對我，不是說我是你的小公主嗎？）

3. 如果你認同感情也是生活的一部分，那它就勢必包含著所有的好與不好。

你的男人會放屁也會大便，也會耍脾氣，可能還有很多你不想要知道卻不得不知道的怪癖、隱疾。他可能不是在所有的事情上都簡潔明快，也許他只是個工作狂，卻可能是生活白癡，他可能會煮飯但是東西隨手丟，他可能很會做家事但在家裡像媽媽一樣碎唸，有很多很多的可能性，也許要三年五年甚至到婚後才會一一顯現。

有句話說得好：「男人要結了婚才知道怎麼做老公，生了小孩才知道怎麼做爸爸，而女人是從有意識就在扮演這個角色，玩辦家家酒。」

能讓你瘋狂暴躁的事有一大堆，如果這些你都能夠承受，我會說你夠格稱之為愛。否則那只是荷爾蒙的激情火花，你只是在和你心中的形象做愛罷了。

4. 沒有人有責任接受你的全部，除非你先接受你自己。

我們常常想著，要把終身幸福託付給一個男人，天哪！這是多麼大的一個重擔與謊言？要怎麼樣才算是幸福？年收入千萬？住豪宅？生幾個小孩？有多少種人生，就有多少種幸福，可是如果你連自己的幸福是什麼都搞不清楚，就只是羨慕別人有的，那你永遠都達不到那個彼岸。

「誰誰誰都被超浪漫求婚了，我都沒有。」
「誰誰誰都買名牌鑽戒送她，我都沒有。」
「誰誰誰薪水多少，你都沒有。」
那你自己勒？你為你自己做了多少？也有可能好不容易男人做到了，你又開始要求下一個目標了。

5. 愛情裡面永遠沒有平等，如果你無法享受你的付出，你就會受苦。

「我都幫你的父母怎樣怎樣，你都沒有。」
「我為了你住在這裡。」

「我為了你選擇一個我不喜歡的工作。」
「我為了你離婚。」
「我為了你拋棄我的朋友。」
「我為了你隆乳。」

如果你當初不覺得這個交易值得，你為什麼要做？你就是貪圖某個東西，你才會做這樣的決定，否則，一切的選擇都是為了讓彼此更好，怎麼會有誰吃虧這件事？

看完以上五點以後，你還會覺得你要的是愛嗎？

很多人只是想要以愛的名義，得到浪漫，照顧，庇護，而當這份愛是不安全、無所得、沒有名義的時候，那就吵翻天了。

這還是愛嗎？

那麼，如果我們都是獨立的個體，如果我們不需要關係，如果我們可以自給自足，我們就可以愛我們自己，那幹嘛結婚？結婚不就沒有意義？

對啊，其實我結婚的時候我也不知道以上這些觀念，我也是很索求的，我也是想要從對方身上得到一切的。但是很多事情婚前不發作婚後也是會發作的，不要以為找到了一個長期飯票就能永遠過安心的日子。

「婚姻是最高形式的瑜伽、是最好的修煉道場」那些整天在講光與愛，在講修煉，在講平靜的人，把他們丟到婚姻裡試試看，看他們還能撐幾天的笑臉？說自己是真愛可以接納擁抱眼前這個人的一切，你承受得了他生命中那些阿里不達的關係、過去、與不可承受之輕嗎？很多人連對方的親人都無法接受。

婚姻是極高度密集的摩擦，所有的一切都沒有辦法隱藏，你和睡在旁邊的那個人，即使溝通很差，但最終還是可以學會看見他的一眨眼一舉眉是在搞什麼小動作，他的一點心思都藏不過你的眼睛，你們可以因為任何的事件起衝突，包括有沒有倒垃圾？誰洗碗？誰不愛洗澡？誰衣服亂丟？要不要吹電風扇？誰抱小孩？光是這些細微的生活瑣事，日以繼夜的累積，終將成為那根壓倒駱駝的稻草。

婚姻本身一點也不美麗。但是婚姻生活背後所帶來的巨大考驗、逼迫、壓力，卻很美。它會淬鍊一個男人有機會成為真正的丈夫與父親，也同時提煉一個女人有機會成為真正的妻子與母親。

當你真正在婚姻之中臣服，你就不再看重「你」，也就是自我了。

你就是在做最高的瑜伽，是在服務。

當兩個靈魂都是在服務彼此的時候，怎麼會不美？

我協助他完成他的人生任務，協助他看見他的光。

我提醒他，他是偉大的，無限的。

一個妻子的責任不是做家事、養小孩（當然要彼此分擔），而是啟發他的男人。啟發的方式不是碎碎唸，而是她自己先連結了無限，在這與無限連結的過程中，這個男人被她的智慧與內涵感動，進而願意一起前進。

一個男人真正的責任不是在養家活口（一樣要商討如何分擔工作互助），而是要保護他的女人，在眾人所不解的情況下，依然給予支持（即使自己也說不清在支持什麼）。

我們一路跌跌撞撞，我們一直懵懵懂懂，我們互相扶持、守護，那並不是為了什麼成功，不是在守護愛情，是**我們一直看見彼此的光**。

我們是以靈魂的角度在看對方。

跳一支靈魂的雙人舞，修煉人生裡最美麗的一支舞，一個造就彼此生命的舞。

第四章　那些從孩子身上學到的事

001 自嗨式教養

以下是我的自嗨式教養，如果你是親子教養的熱血分子，請慎入，注意血壓。但是如果你已經被所謂的親子教養搞得喘不過氣了，那可以看看我的自嗨式教養喘一口氣。

昨天有個認真辛苦的母親寫了一封信給我，內容是說孩子出門的時候堅持要坐某種交通工具，平常有空當然沒問題，但是當天趕時間，所以心裡很急，又不能打罵，一著急就假裝要離開，孩子在後面追，鄰居在後面罵。讓她想起自己小時候媽媽也常常這樣對她，一生氣就一翻兩瞪眼，長大後她很努力不要這樣對小孩，可是卻常常忍不住又犯了，就在自責之中循環。看完之後我深有同感，我們這代的父母，教育程度高，看過的書不少，也明白自己小時候遭受的某些教育方式不對勁，造成了部分的心理創傷。因此當自己成為父母，不免戰戰兢兢，小心翼翼。我自己也走過一段血淚的旅程，後來我決定把他媽的教養規則放一邊，那是要逼死誰啊？

我回答她：

因為你小時候沒有被好好的尊重與對待，一個沒有被好好尊重與對待的人要如何知道真正的尊重是什麼樣子呢？你已經竭盡所能的想要尊重你的孩子，耐心的好言勸說，但是效果不彰，你當然會很沮喪，要當一個不是自己狀態的人，需要多少的偽裝？你勉強自己成為你想成為的父母，那需要多少的心力？沒有人可以長久的偽裝成自己不是的人，那是不平衡的，那是一種自我虐待。

那就像我們逼自己當林志玲一樣，偶爾可以有三分像，但若要一百分，那必是無法喘息、失敗率也極高的要求啊！

在這種極大的不平衡下，我發現很多媽媽都快瘋掉了，她們被所謂的妖怪教養書搞得罪惡感深重，因為即使她們很努力了也做不到，或者是做到了但是小孩根本不領情，沒有效果也沒有人在乎。

我選擇，先滿足我自己的需求。

很多媽媽都是把孩子放在第一位，逛百貨公司，先逛孩子的，買吃的，先買孩子的。這沒什麼不好，如果你很開心的話。

但是當你希望你這麼做孩子就要把飯吃光光，就會在椅子上乖乖坐好，就會成為書本上的劇本，你就會陷入失望與挫折之中。

那種感覺就好像花了一整個下午煮飯，結果先生小孩都只吃了半碗就不吃了，你面對著一桌的剩菜，然後自己把它們消化完畢，這樣的悲慘。

這就是失去自我的人生，凡事以別人為主，希望從別人身上尋求認同的人生。你是很難得到快樂的，你是很容易挫敗的，因為沒有人有義務把你的喜怒哀樂背在身上，照你的期待活。

我常常做一些小事情來滿足我自己。

當我是家庭主婦，不用工作時，我可能會自己跑去喝下午茶，假裝我是單身，買一些少女心的單品給自己，或者跑去看電影，和我自己約會。

有人陪的約會是一種享受，沒有人陪的約會我覺得超享受，因為你要怎樣都不必在乎別人的眼光，除非你自己就是那個審判自己的人。

一個人的時候你可以去買貴貴的巧克力，也許一顆一百多塊，但就只要一顆，整個人就滿足了。你也可以坐在咖啡店發呆一整個下午，或自己窩在家裡看ＤＶＤ。

這種日子，不需要每天，但是只要你願意，一週一天，或者一個月一天，你願意寵愛你自己一次，先滿足自己的需求，或者是透過和自己相處去找到自己的需求，你會發現你根本不用去討好先生和小孩來得到快樂，你可以自己讓自己快樂。

愛自己的行為有很多，你不一定要照我描述的去做，重點是，你必須知道如何自我滿足。你要滿足的第一個人，是你自己，而不是孩子。

為什麼？

因為當你滿足了（也許你沒空逛街、沒空喝茶要上班，但你就藏一盒高級巧克力給自己吧，每當你要照顧他人前，先來一顆），你的內在小孩開心了，你就很難再對你的小孩生氣。可是如果你不先滿足自己，就要花三四個小時服侍，耐心勸說你的小孩，你的內在容量很快就會爆炸，因為你很難從這過程中得到尊重與滿足。你的內在是空的，你如何填滿另一個人？而小孩的眼睛是明白的，最後的狀態是什麼？是你被小孩頤指氣使，像佣人一樣覺得自己被貶低了。

再來，你是大人。

也就是說：我們才是引導孩子的人，責任雖然重，卻不能唯書是從或害怕犯錯，一天到晚怕弄傷他，怕給他創傷。

保持覺知是好事，但是變得綁手綁腳就失去了父母的功能。

訓話或是耐心引導，還是在於當下的狀態。

如果父母是情緒失控，變成一種發洩式的狀態，那當然孩子會覺得非常混亂。

可是如果你能善用語句的輕重，去表達某件事情的迫切性或嚴重性，我想孩子會學會分辨你的表情，他會適時地停下來。

總之，如果你有先照顧好自己，基本上你的情緒是很難爆炸的，但相反的，你總是把孩子當第一優先，又被工作時間卡得很緊的時候，孩子一個反抗，你就很難不神經緊張了。

然後我認為，適當的生氣，學會表達生氣是很ＯＫ的，因為孩子也需要學習如何處理情緒。

我生氣了，我如何表達？我為什麼生氣？我的界線是什麼？透過你展現自己如何處理情緒，孩子也在學習怎麼處理自己的情緒。

所以我也認為吵架很好，即使是夫妻吵架，也是很好的示範，我爸爸媽媽在家也常會為了小事吵架，但是吵到最後總是變成大笑，對我來說，吵架沒有負面的感受，只是在溝通。

可是有些家庭，可能爸媽吵架就有人離家出走，或吵到離婚，孩子長大成人後也會抗拒溝通，變得沉默。

總之，沒有教養這件事，因為孩子是直接性的受到父母影響。不管長大成人後，他選擇和你同個路線或完全不同路線，很抱歉，除非他有意識到那個是父母的模式不是他的，否則最後我們都會不知不覺地變成父母。

所以與其擔心你對孩子好不好？有沒有做錯？不如對你自己好一點吧！在自己的身上下功夫，把你從上一代繼承的那些負擔拿掉，下一代才能夠很自然地脫離。不要做不是你的偽裝，那樣很辛苦，你的孩子也不會認同。

以上就是歐拉不負責任的自嗨式教養。（抖）

ＰＳ・關於孩子很盧，一直要搭某種交通工具和拖延時間這件事，我也有血汗的經驗。這都是過程，請不要自責。

執著某個交通工具，這情況會反反覆覆好幾個月，其實他們是可以明白道理的，只是他們聽不進去，因為太渴望得到某種滿足，藉由盧一下，搞不好可以達成心願。訣竅還是在於媽媽的明確態度，簡單說明今天真的不行，可能是下雨，或者是人很多，或者是我們要坐大眾運輸工具，我會牽著她或抱著她邊走邊講，不停下來，因為停下來孩子就覺得自己可能有機會坐那個交通工具，你們可以邊走邊討論，你給他發言的空間，但是你也真的有正當的理由，他們雖然表面上不願意，可是因為理由正當，你也都會回應，所以他們會慢慢接受。（或可能是好多次才接受。）有幾次她會在快到捷運門口大哭想要停下來，做最後的掙扎，沒關係就等她哭完，或是很認真好好地抱緊她，給她注意力，跟她說：「等你哭完我們再進去。」對某些孩子來說，透過盧一下可以感覺到父母的愛，那我們何不一開始就給予他們這種穩定的安全感？對於另外一些孩子來說，他們是真心喜歡某個交通工具給他的感受，那就只能視當下的情況決定要不要滿足他了。

沒有怕，沒有擔心，優雅的，等待。

但不是永遠都只能坐捷運，如果你今天有意願要讓他選，一開始就給他選，但如果你已經決定好今天要坐捷運，那就是坐捷運，你平常做好領導人，偶爾也讓他練習當領導人。很怕那種明明問孩子「你想做什麼呢？想吃什麼？」，結果問了卻完全不遵守他的選擇，那還是不要問好了。

還有，要當優雅的父母，那就要投資你的時間。不能用大人的眼光來安排事情，你起床換衣服只要十五分鐘就能出門，但小孩不行，也許夫妻兩個一起幫忙他穿脫可以，但碰上小孩賴床，或天冷爸媽自己睡過頭，整個狀態就是緊繃，爸媽又怕遲到什麼的，氣就上來了。要當優雅的爸媽，自己要先優雅的起床，也許一個小時前就要起來，放個好聽的音樂，讓孩子在愉悅的狀態中甦醒，因為沒有急迫性你就能帶著笑臉讓他挑選衣服。總之，每個人家的狀態是不一樣的，不要只要求你的小孩快，他為什麼要快呢？小孩只會為了好玩有趣而行動，你為什麼不去創造這好玩的一天的開始呢？

小練習十五〈一個早起的儀式建立〉

歐拉小叮嚀：

你想要開始享受早起的好處？還是不得不早起的無奈？沒關係，讓我們來培養早起的習慣。也許你還不是一個父母，你是一個學生，一個上班族，你依然可以擁有一個優雅的早晨，用舒服的速度出門，帶著從容與美好的心情創造一天。

詳細步驟：給自己一個安靜的時光，想一想，每天睡前可以提早做怎樣的準備？如何安排起床之後的流程？如果要十點睡覺，那麼幾點開始就要準備洗澡？不要把所有的事都排在睡前。早上要幾點起床？早起的第一句話要跟自己說什麼？練習笑著張開眼睛，告訴自己今天是最棒的一天，放什麼音樂會讓你開心有活力？做什麼運動或是起床儀式，來讓你從容地迎接每一天。

002 風雨過後，根本沒有真正的錯

我們常常用事情的發展來評判自己是否選錯了路。

「啊！最近財運很不好，一直花錢，可能是房子選錯了。」

「啊！最近招生很不順利，人數越來越少，可能我進修的項目選的不對。」

「啊！最近身體這痛那痛，睡眠嚴重不足，可能我潛在的壓力壓垮了我的神經系統，我真不應該辭職。」

我應該這樣、我應該那樣，我不該做這個，早知道我就……

喔，我以前也會這樣。在事情變動的時候，感覺到自己好像做錯了什麼，一切都在失序，而想要快一點做什麼找回掌舵權。

在我大女兒上小一的這個銜接期，我作為一個旁觀者，感覺到收穫多多。

女兒的學校是她自己選的，所以我告訴她，在開學前，都還有機會可以換，但開學後就自己負責。

為了讓她體驗體制內的學習方式，我還找了一家滿傳統的安親班。（其實也是因為剛好在我

的社區裡，接送方便。）她很興奮的開始了學習生活。過程中，難免有挫折。可能是全英文她聽不懂，可能是中午的餐太多吃不下。總之各式各樣的因素，讓她感覺到充滿了挑戰，常忍不住回家哭給我們看。

但我和爸爸同一立場，跟她說：「開學前如果受不了，就去體制外的學校。」可是女兒雖然看起來好像嬌滴滴，常回家說自己有多大壓力，但同時又有另一股強烈的渴望，希望自己可以留下來。就這樣，在安親班一下子兩個月過去，開學了。她從又哭又笑，變成生龍活虎、遊刃有餘，危機解除。

沒想到開學後又是一次陣痛。她每天都吵著要爸爸陪，很想放假，不想全天課，不想……感覺每天都烏雲罩頂，但我們告訴她，來不及了，是你自己選的。她痛苦到不行，每天問我們為什麼要上「全天」？問到我們傻眼。但兩週過去，她又開始驕傲可以自己走進教室，可以聽懂讀懂，可以做到這樣，可以做到那樣。

我要謝謝小晴予，她提醒了我們生命的韌度。

她的路，是自己選的。

雖然她選擇的方式有點瞎。（是因為一個來我們店裡剪髮的姊姊，她想和她念一樣的小學。）

可是這個想望和夢想，支持著她度過了那難受的適應期。

我們都以為，在夢想的路上，就算辛苦，也不會太難受，因為有夢最美。

但其實，也會有難受的時刻。

我們都希望自己能夠做對，選對，而且還要做得很好很順，才叫做正確的道路。

但有時候真的無關於你是不是選錯了。而是**此時此刻，正因為你選擇要更高更好，所以挑戰當然更多更大**。

當你通過了自己的恐懼，而穩下心來好好面對的時候，就像是我的女兒願意面對上學這件事情一樣，她就會從中找到自己可以成長和跨越的點，並且把焦點放在更多自己可以做的事情上。

所以，**如果你此時正在暴風雨中，別再批判自己做錯了選擇**。

因為每一個黑暗之後都隱藏著黎明。當你走過風雨，看到彩虹，那一片美好有多麼甜蜜？

先穩定自己的每一天每一步，把最基本的生活照顧好。

然後去強化現階段對自己最重要的事。

一點一滴反覆的練習，總是會進步。

看著你的目標，你一定可以穿越。

這是小晴予教我的事。

等風雨過後，也許你會發現，根本沒有「錯」這件事。

小練習十六〈聚焦並穿越〉

生活中有哪些風暴，是你選擇之前並沒有想到的呢？也許是婚姻，親子，伴侶，工作，事業，學習，人際關係。他們看起來一點都不如你所預期，那麼你還想堅持嗎？你期望走到什麼樣的目的地呢？這個目標有足夠大到讓你產生勇氣嗎？如果沒有，請重新為自己聚焦一個你想要的成果。告訴自己為何想要，以及為什麼非要不可。直到你真的感覺我就是要做到為止，那才算是真的找到了目標。

詳細步驟：穿越低潮最快的方式，就是想著自己內在真心渴望的畫面。不斷的想著那個畫面，為那個畫面努力，很快的就會離開原本的負面思維。為自己設定一個你一想到就會很開心幸福的內在畫面吧！

003 活出自己，就是對孩子最好的身教

有時候會接到一些私訊，問我：「不知道做風水能不能讓我的小孩XXX？」或者：「我小孩四歲，最近行為有些極端，不知道參加你的課程能不能改變他？」這些關於想要「幫助孩子」的訊息，我想事實上是身為父母的無助。

謝謝你們提出各種問題激發了我的潛能，讓我解決問題的能力越來越高了。

我要說：你們的發問在某方面來說是可解的。但我不想聚焦在如何解決「問題」，因為孩子不是問題，而是有了一種失衡，致使他出現了這樣的「狀態」。

也許當我們切換了內在的狀態與焦點，這些事情就不會如一個巨大壓力一樣，讓你焦慮又無力了。

事情還是存在，但不用對它有負面感覺。這樣子處理起來是不是更輕鬆？因為它是一個狀態，而不是一個「問題」。

你的內在是不是常常把小孩的行為貼上標籤呢？

「壞小孩，怎麼可以這樣對我？」當你有這樣的習慣的時候，即使這個問題解決了，還是會有下一個問題出現。

如果我們不斷的在尋找問題與解決問題，我們的潛意識就會想要一直創造問題。

因為它覺得這是你期望的。

我非常能夠體會當一個家長的辛酸，成就，驕傲與愧疚，都建立在小孩的表現之上這件事。

因為我以前也會。

當我哺餵母奶的時候，一開始眾人說：「母奶好。孩子聰明，抵抗力強。」

過一年後大家開始說：「母奶沒營養，小孩發育落後瘦巴巴。」

一開始說喝母奶抗體多，但到學校後一被傳染就說：「要趕快吃藥看醫生。」

小孩行動拖拖拉拉，常常最後一個吃完飯，小孩是個愛哭鬼，常常裝哭在路上耍賴，小孩不講理，小孩固執，小孩不會收玩具，小孩比其他同年齡的幼稚。

到上學了之後，更多集體的標準與壓力，常常讓你很挫敗。

你感覺很糟。

真的是小孩本身很糟嗎？還是小孩的表現，讓你覺得自己很糟。
當孩子在大馬路上哭翻了的時候，你想要一把拎起她，拖到車子上，因為真的太丟臉了。
丟臉？為什麼？
不是因為小孩哭，是因為怕被別人說這個媽媽不會帶小孩。
怕別人說你失敗！

我也有過這種階段。
可是在我的各種學習，尤其是和高我學習之後。
我變了，我發現我的小孩和我並沒有什麼不同。小時候，我多麼渴望這樣寬容的愛，累了有人抱，哭了有人哄，三不五時可以假哭撒嬌。是因為我沒有得到如此多的滿足，所以當她已經得到比我多還不乖的時候，我內在的小孩馬上怒火狂燒，想要叫她給我閉嘴。
我發現所有的痛苦只是來自於自我的評判：我失敗了，我很糟，我不是好媽媽。當你看清楚這點，不在乎自我評判這件事的時候，就沒有人能傷得了你，因為連你自己都不為自己打分數了，別人的分數算什麼？

當我解放我自己，我也解放了我的孩子。

要在街上哭就哭吧，我不會怕別人用異樣的眼光看我，雖然我的小我會緊張，但是我還是會堅定地在旁邊等她哭完。她有表達情緒的權利，而我有給與不給的權利。

（此文寫在二〇一五年，我大女兒以前真的很愛在大馬路上哭，我也經歷過這樣尷尬的時刻。但放心，只要撐過去幾個月，她就不會再用這招了，媽媽也被練到臉皮很厚。）

等生了小女兒，我也更柔軟也更安住，所以有幾次她在餐廳或商場尖叫的時候，都很快就可以停下來，主要是跟他們溝通我們不需要透過失控來表達自己，以及你要學會尊重別人才能到人多的地方，他們通常都願意長大，所以很帶得出去。也知道要為自己負責，出門不是要讓媽媽累的，是大家開心的。

先愛自己吧，**與其做一個一百分的媽媽，還不如做一個一百分的自己**。當自己的內在小孩被滿足的時候，那個愛與寬容會自動的滿溢出來。親子之間變得沒有距離，這不是用裝的或用買的，而是你不再用彼此到底得到多少來衡量你們的關係。

你放鬆了，你的小孩就放鬆了。小孩是很敏感的動物，你應該還記得吧？你小的時候即使爸媽沒有告訴你什麼，你也能察覺家裡氣氛不對勁，也會感受到一絲緊張。因為你們的能量場是如此的貼近，他會不自覺地與你共振，所以孩子情緒問題多，如果不是學校有壓力，那一定要看看是不是自己其實很緊繃。

為什麼爺爺奶奶總是能夠無條件的愛孩子呢？因為他們擁有最少的期待，只要孩子健康快樂就好。當你期待越少，你越能夠放鬆自在的帶領孩子。

如果你預設了：今天我們一定要完成什麼什麼，壓力在一開始就已經存在了，就變得不好玩了。好玩的孩子就願意做，不好玩的不願意，如此而已。如果你是放鬆的，你就有能力讓一切變得好玩。

尊重他的步調，你是飛毛腿，他是烏龜，動作慢十倍，每次出門急得要死。那你可以前一天晚上就放好書包鞋子，前一天就討論好早餐，然後自己早睡早起，不要用你認為來得及的時間希望孩子跟你一樣快。

信任你自己，信任你的小孩。**是你的小孩選擇了你，那你就一定能提供他要的體驗。**

每個靈魂來到世界上都有他要經驗的課題，你只能用你有的資源提供他一些選擇，卻無法負擔他的整個人生。

真的對自己誠實，而非道德上的框架。
真的信任自己，而非規則上的死守。
我覺得父母的內在功課要做，才不會一直修理孩子的問題。

放心做爸媽，覺知自己，養小孩的過程我覺得非常療癒。
他來自於你，但他同時又是獨立的個體。
我總是在孩子身上看到滿滿的愛，他們從來不用我做得好不好來評判我，只要我需要，我說給我一個抱抱，他們會給我十個百個。

我不會說「我的孩子是最好的，最棒的」，因為我不需要她們最好最棒。
但他們的人生要學著自己負責。
書包忘在公園、水壺沒帶、自己去面對，即使是幼稚園我也不會幫她送。

作為父母、家人之間的必須是什麼？

是親情。在孩子能夠確保健康、安全與信任他自己、喜歡他自己並尊重他人前提下，我會給予帶領，但絕不是事事都為他鋪好康莊大道。

思考一下，我們為什麼把自己搞的這麼累呢？

活出自己，就是對孩子最好的身教。

004　孩子的情緒教育

昨天晚上晴予告訴大家：「最近我很愛生氣，我不知道為什麼，總之你們不要惹我。」然後氣呼呼的重重踏步，甩門，宣張自己的狀態。

如果是就事論事的父母，可能會把孩子找來，然後跟她說你要有禮貌，你不可以這樣那樣……還覺得自己理性有耐心。

但我當下沒做什麼，就是表達我聽到了。

等到晚上吃飯的時候，她又再宣布了一次，態度真的是「她是老大」。

於是我開始抽絲剝繭，一個一個詢問：在學校遇到什麼事了嗎？有討厭的科目？還是有同學惹你？或是老師不理解你嗎？

晴予說：「我全都很喜歡，沒有不喜歡的老師科目和同學。」

「疑？那就奇怪了，沉浸在自己喜歡的事物裡應該很開心啊？但你還是想發脾氣嗎？那……你有沒有試過在學校發脾氣呢？」

我突然戳中「盲腸」，晴予一下子哭了起來：「老師叫我要忍耐，不能在學校發脾氣。還說要大家學習晴予，因為我都不會講別人的壞話，專心的做自己的事。」

我突然理解到晴予因為被老師表揚了，所以希望自己能夠維持一個完美的形象，卻變成無法在自己有挫折、有情緒的時候適當的表達。

我和晴予說我理解了，也因為這樣的理解，晴予開始把另外一個煩惱講了出來。

「我們班有個同學做手工好快，一下就學會了，但是老師教完我還是不會，我就覺得好煩喔。」她終於講出了她在學校遇到的困難。

「沒關係，每個人都有專長，不是每個人什麼都會，你也有你擅長的，你可以去請教這個同學。」我說。

「可是，她什麼都很厲害，國語、英文、數學、手工……每個都很好。」晴予說。

「喔，總還是有所謂的天才嘛！但是你最喜歡的蔡依林說，我不是天才所以我會努力當地才，別人準備一百分，我要準備一百三十分，蔡依林是很努力才變成今天這樣會跳舞，以前她也不會跳舞呢！如果你真的很在意自己學得不好，你可以選擇努力，如果你真的覺得做好很重要的話，我們會支持你。」我說。

她似乎有點釋懷了。

於是我再和她討論情緒的議題。

恰巧我們一起看過《腦筋急轉彎》這部動畫。

「你會不會覺得很奇怪，故事裡面的憂憂為什麼一直亂摸那些記憶球，要把所有的記憶變成悲傷的呢？她為什麼不能好好的站好，讓樂樂處理一切？」我問。

晴予也覺得憂憂好奇怪。

我說：「因為在這個故事裡，大家都覺得快樂才是最棒的，所以每次失落傷心難過痛苦，當憂憂要出現的時候，樂樂總是會想辦法轉移焦點。」

因為大家認為一天都是「快樂」的回憶，才是最棒的一天。

可是沒有被表達的悲傷，並不會消失，她反而會悄聲無息的侵略那些快樂的回憶，因為她需要尋找到出口。

而樂樂最後也發現，快樂無法解決一切問題。有時候適當的悲傷反而讓大家可以真實的表達自己，得到更多讓愛交流的機會。

於是最後他們允許所有的情緒合作，創造出「笑中有淚」、「憤怒產生力量」、「競爭帶來智慧」……各種更深層豐富的人類情感。

「我可以體諒你在學校會遇到挫折、失望，無法處理的情緒。」

但我不只是允許她發作，而是在她發作完以後，如何重整自己？認識自己？知道如何為自己的生命負責？

如果現在我只是跟她講道理，教她有禮貌，教規矩，而沒有建立信任的溝通管道，那麼國中高中將引發更大的家庭衝突。只因孩子沒有學會如何表達自己，也沒有信心父母可以聽得懂。在強大的內外在壓力下會選擇更大的失序行為，因為能量總是需要去處。

孩子也需要同溫層，父母可以做那個理性引導，雙向交流的同溫層嗎？而不是再給予她一個大帽子：「應該與不應該」。

只有教好下一代，才有健全社會的可能。

我們需要的是能夠知曉自己、支持自己、願意傾聽別人、願意溝通的人。

在此之前，也請父母修理好歪掉的自己。

005　媽媽們也許經歷過的痛：流產

生命應該是要帶來喜悅與無限希望的，但有時候我們也會經歷到失去。歐拉曾經流產過兩次。

第一次是在大女兒剛滿四歲的時候，我上完覺知孕育瑜伽，療癒了一些關於生小孩的恐懼。（我剖腹產，加上產後憂鬱，所以一直沒有準備好再生。）上完課後，我感覺到許多的恐懼消失了，我以為自己準備好了，寶寶也很快地就來報到。但是當我拿著驗孕棒的時候，我竟然是發抖的。我感覺到我的生命又將開始一團混亂，而我好不容易規劃出來的美好人生，又要因為生產／哺乳／育兒而停擺兩年。

我為自己的無法喜悅感到抱歉。

寶寶似乎很快的感知到我未準備好，它停留在七週的大小，一個囊胚的狀態。我的醫生很好，讓我自然的排出體外，沒有給我任何藥物，只是信任。在等待囊胚與胎盤自然脫落的過程中，我找了幾次養生的老師。她跟我說，當海面上出現一顆太陽，有人會說那是夕陽正在落下，也有人會說那是朝陽正在升起。

其實生命也是一樣，是一體兩面。

也許表面上看起來是失去，是死亡。

但其實，有什麼正在升起，是力量。

她告訴我專注於這個過程中我內在的整合，讓我更願意去活出自己，信任自己。

因為在等待過程中，我很乖的吃好睡飽，養身泡腳，做完小月子後，我閃閃發亮的。同時，我也感受到自己更準備好要當一個媽媽。我有面對新生命降臨後混亂的勇氣，我敢於迎接新生了。

大約再五個月後，我便懷孕了，第二個女兒給我很多很多的喜悅。育兒和哺乳對我來說都變成是一種享受。

不過，關於生命的功課好像沒有結束。

又過了三年多，我又意外的懷孕了。我以為這次我會準備好當一個三寶媽，不就是重複一樣的過程嗎？我可以。

但是生命卻沒有要給我一樣的考卷。

這個看似很穩定的小生命，竟然在孕期十二週以後，我都已經拿到媽媽手冊，看到他可愛的3D超音波時，他一動也不動地出現在螢幕上。被醫生翻來翻去他仍是不會動的時候，那一刻我都不知道要怎麼安慰醫生。

我一直反覆的問自己為什麼？為什麼會發生這種事？是我哪裡沒有準備好？還有什麼功課？是我不夠想要他嗎？我明明全然歡迎他的到來。是我做了什麼錯誤的事？導致他受到什麼傷害？以至於失去心跳？

這過程中有幾個人私訊我，跟我說他們覺得小朋友沒有死，要我不要手術拿掉。小孩只是休眠。

但這讓我感到更難過，好像是我要結束他的生命一樣。

但他就是不會動了呀，我比你們更希望他可以活過來，不是嗎？

在此之後，偶爾，我會想到他很可愛的樣子，落淚。

我有愛他，雖然沒有親眼見過他。

但我很感謝這一個孩子教我的，那就是拿掉其他人給我的枷鎖，真正的活著。

在我做小月子的第二十八天，我啟程去非洲，開始了我的大冒險。
那一年我還去了埃及，開啟了我的 YouTube 頻道，認識了好多朋友，開始線上課程。
這一切都來自於，我終於醒過來。
不要甘於當一個他人眼中幸福的版本，要勇敢地追求自己靈魂的渴望。
我很感恩這一段過程。
但我也跟靈魂說：「不要再用失去來教我這些啦！我會醒過來，我會覺醒的活著，不要再下這麼重的藥啦！」

006 媽媽的自由等級

之前寫了一個文，是關於媽媽的自由等級，從一如何走到十。
睡覺自由／雙手自由／吃飯自由／洗澡自由／搭車自由／出門自由／打扮自由／追劇自由／休閒自由／放假自由，從小孩黏踢踢掛在身上，到完全不受影響的可以做自己想做的事。

其實我的重點不在於我們多快擺脫這樣的「不自由」，好像把孩子視為讓我們不自由的源頭，無法做自己的羈絆，要從一走到十才是贏家。
如果是這樣的話，那看到孩子也太痛苦了。
而孩子也會感覺到自己是無價值的，是累贅，是父母不快樂的源頭。

我的重點是放在每一個父母都可以透過自己的努力，在平凡的生活中找到自己，不因育兒而失去自我以及生活品質，不讓自己每天都在被生活溺斃的邊緣掙扎。
所以一個一出生就能甩下孩子自己去追尋夢想的父母，與一個花了一輩子奉獻家庭犧牲自己到老才發現孩子一點都不需要他的父母，這兩種自由，對我來說，都有一點遺憾。

從一到十，代表的是一個人，如何從現況中轉換態度，生出力量，在有限的資源下，活出生命的最大值。

這不是一種競技比賽。

「喔，我三個月就自由了。」

「喔，我孩子都不會纏著我，他喜歡他的保母。」

「喔，我已經從這些階段畢業了。」

你在哪個階段真的不是最重要的，重點是：這樣的自由，你真的享受嗎？

自由之所以可貴，就是來自於它不是一種具象的，由別人可以親手捧著交到你手上的東西。

自由是一種概念，一種意象。

是透過自己對自由的認知，想像和努力，摸索而逐漸成為你所是的狀態。

所以當你無法允許自己自由，以及當你被迫得到巨大的空白，都不會是真的開心的。人就是這樣奇妙的生物。

因此，如果今天你被孩子纏著，不讓你出門，不讓你洗澡、刷牙、上大號，你要不要覺得你失敗了呢？

你可以為你想要擁有的獨處時間而努力，但同時你也可以享受這樣被需要的親密感。這其中沒有一定要怎樣才是正確的選擇。

因為在做父母與做自己的這條路上，滿足別人與滿足自己，一直都是不停的來來回回，以求達到一個自己與他人都舒適自在的位置。

就像走鋼索一樣，硬是要待在某個點上不動，那就會掉下來了。

親子之間，伴侶之間，自己與自己之間，每天每時每刻都可能會產生新的變化，有新的靈感想法，新的渴望。

怎麼可能要求一種標準，一套解決方案，就從此不用再煩惱了。

自由很珍貴，這是來自於你知道自己是什麼，你不願在混亂中失去自己，於是你保衛了自己的小天地。

不自由也很珍貴，這是因為你將對方的心與感受視為你的寶藏，所以你願意暫時放棄自己的

自由。

人是需要意義的動物，至少我是啦。

但意義是自己去賦予的，而非別人給你的。

當你覺得自己的生活很沒價值很沒意義，那麼每一天，不管你是單身還是有小孩，自由或不自由，你都會無法欣賞自己。

就算這個量表你自由到一百分又怎麼樣？都沒有人管你念你了，反而有人覺得受不了太孤單。

但如果你學會自己賦予事情意義，你學會在每一個平凡之中找到珠寶，那麼你的成功與失敗，歡欣與失落都會很可貴。

而這會是一種幸福的方式，這將會把平凡變得不平凡，把普通的沙子變成珍珠。

如果你懂我所說的，也許幾個月、幾年，你就會看見自己飛快的成長。

你清楚自己凝煉了什麼，走過了什麼。

對於那些在煎熬自由與不自由，該做與不該做的人。

哪一套才對，哪個學說最好，哪一個文章是聖經，哪本書怎樣說……真的不重要啦！

第五章　工作是為了服務於我的內在

001　薪水真的決定了你的價值嗎？

誰沒有抱怨過老闆？

還記得我十八歲那年，讀政大一年級，每個月都要和同學借錢，真的好窮，後來好朋友介紹我去公館的一家義大利麵店打工。

第一次工作的我超級緊張，穿著我最體面的衣服上班，針織衣和百褶裙。那天老闆在工作的時候，完全不叫我做事，我以為她不重用我也不想教我。（我是政大的耶！為什麼教另一個比我晚來的人？只比我晚幾分鐘啦，但我心中已經有了高低階級之分。）

有工作經驗的你，一定看到我的盲點了吧。

1. 上班就是來工作的，不清楚工作的內容屬性，穿了自以為是的服裝，就要老闆重視與重用？我當時的工作是需要去廚房煮菜、洗廁所，以及刷樓梯，雖然也會有櫃檯接待和點菜的工作，但總之行動要方便。（當然後來我熟悉工作內容後，可以自己打扮得美美的，我把自己視為店長，我的思維與狀態不會影響工作，好的服裝又讓我加分。）

2. 管你是哪裡來的，還是你先來待比較久，對老闆來說，我的那個同事，她準備好了可以馬上上戰場。而我還是一臉傻呆，在旁邊等老闆告訴我該怎麼做。

當天下班超沮喪的，和介紹工作給我的朋友訴苦，她說：「你不用煩惱啦，老闆不會開除你，因為你很漂亮。」

啊？我聽到更傻眼了，不是因為我的能力，我的學歷，而是我的外表？

我整個自我價值感都被羞辱了。

但幸好我還滿有鬥志的，我就是要讓老闆覺得我是可以吃苦的，所以打掃、煮菜、刷地，我都很主動。過了三個月，果然老闆開始稱讚我了，也幫我加薪了，從時薪七十五元加到八十五元。

但是工作做久了，更了解整家店的運作後，就會觀察到很多老闆的不足。這不足又與自己生活上沒有得到的滿足連結，大家就會開始抱怨老闆。

「好摳喔！時薪只有八十五元。我們只有兩個員工，從早上十點一直工作到晚上十點。」

「老闆什麼都不用做，只要每天在樓上等我們拿錢上去。」

「我們要開店、備料、點貨、叫貨、煮菜、打掃、結帳……老闆真好當，老闆真輕鬆。」

然後開始算起老闆賺多少錢：房租三樓兩萬五，人事成本三萬六，食材水電約四萬。一個月十萬就能打平。

不過我們兩個員工每天煮菜煮到死，假日一天做兩、三萬營業額，她竟然都不給我們漲薪水。

資深的員工每天這樣唸，我也慢慢覺得老闆好壞喔。

再加上我是月光族，每個月都領這樣的錢，怎麼可能完成我的夢想？

等我存到一百萬，我都老死了。

原來老闆還要對你的夢想負責任喔？

事過境遷，十八年過去了。

我還會常常懷念那段時光。

如果以人生水準，其實那段日子我過得很灰暗，因為我不久後休學了，每天我就窩在那家小店裡面，想著我的夢想和理想。

可是不得不說，至今我的很多能力，是在當時培養出來的。

表面上老闆什麼都不管、什麼都不給，但她給了一個最難給、最珍貴的東西，就是時間與自由。

她把整間店交給我們，我們要怎麼做，怎麼叫貨，怎麼服務客人，基本上她都不管，只有一開始教我怎麼煮麵和做飲料，她試吃後覺得ＯＫ，就不再管我了。

所以每天下午，沒有客人來吃飯的時間，我可以大量的閱讀（老闆的書架好多新時代、奧修的書，但我那時只著迷村上春樹。）我可以聽她的爵士音樂，我可以盡情的畫畫，我在那時候還寫了小說，我的書寫基底，就是在那些無聊的下午被磨練出來的。

在那個當下，我完全不知道，我的老闆給我這麼珍貴的東西。

我只覺得，我都把自己視為店長了，我每天提早到，晚回家，我這麼愛這家店，你怎麼不幫我加薪？

所有人都做不久，我做最久，你怎麼沒有看到我？

後來我重考，就離開那間店了，沒有再回去過。

我不能說這個老闆做的一定是對的。她也許可以更好，更有錢，或是更擴大經營，對員工更好……總之如果要和成功的店比較，一定可以找到進步空間。

但如果當初我是進了另外一家義大利麵店，那我就不會是現在的我。我的思想、我的藝術、文學、音樂的感受，也會完全不同了。我可能根本沒有時間思考人生，沒有大把的時間看書、畫畫、寫小說。

你的生命為什麼會帶你來到這裡？必定有你需要的東西，而這些也許當下都很難去理解與發現。

就像我，是在離職之後才感覺到這樣的老闆好特別。

雖然我不會再回去上班了，因為我有自己的路要開展了，但我很真實的體驗到，在那樣的自由裡面，我的確像一個長不大的小孩，抱怨著我沒有得到我要的東西。

而在我長大後，學會完全對自己負責以後，才發現那段時間的薰陶對我現在來說有多重要。

如果你被照顧得好好的，你不會獨立思考，也無法闖出一片天。

我非常感謝那段時間的存在，非常感謝遇過那樣特別的老闆。

也許我們無法滿足每個人想要的，也未必是你心中的完美，但就珍惜彼此的緣分吧。

教與不教，什麼才是真正的學？這個在我當老師這麼久以後，才發現真正學到的，很少是在課堂上獲得的，那都是死知識，只能騙一時。

而有個教練告訴我：「當沒有人可以告訴你答案的時候，就是成長最快的時候。」也真的自己出來教學，沒有人可以問的時候，才會潛能大開，把所有的生命經驗看過聽過的統統整合，才發現原來都是有價值的。

如果你還在工作中搏鬥，耐性，耐心，加油。沒有人要綁住你一輩子，鎖住你的夢想，**所有的經驗都是養分，都值得感恩。**

小練習十七〈回顧過往的工作〉

歐拉小叮嚀：

你做過哪些工作呢？其中一定有甘有苦吧！有喜歡的部分也有討厭的地方。把你做過的工作列出來，試著想想看，你從那個工作之中學習到了什麼技能？體會了什麼人生哲學？哪些是對現在的自己有益的？看見它並珍視它，那也是生命送給你的禮物喔！

能夠從過往經驗中不斷翻攪出可用的材料的人，才是高手啊！

詳細步驟：

1. 找一個安靜的時光，好好列出自己的工作，以及之中的困難和學習。
2. 困難的部分現在超越了嗎？有更好的處理方式嗎？想一想寫下來。
3. 學習到的部分有成為現在的養分了嗎？思考一下可以怎麼運用在現在的工作中？

002 工作是為了服務於你的內在

我喜歡花時間工作，但目的是為了服務於我的靈魂。我喜歡花時間耕耘、賺錢，因為我享受自己累積的成果，從無到有，從生澀到熟悉的成就感。

如果在我工作的過程中我發現自己失去平衡了，損失了我的健康，損失我獨立思考的時間，或我發現自己是為了滿足某種小我的自大，造成了謊言，讓我失去自己，我會很快的離開這個工作。

因為工作是服務於我的內在。

這世界上有幾千種幾萬種得到金錢的方式，問題是：你選的那一種能讓你感到服務於自己嗎？

我曾經做過很多的工作，不見得每個都很賺錢或地位高尚，可是如果它服務於我內在的價值，我會好好的享受它。

我曾做過餐廳服務生兩年，時薪八十五元，每天工作十二個小時，很累。但是老闆給我們無限自由，我們只要把客人吃的餐點弄好，其他的食材我都可以自己發揮創意去創作，自己吃掉。有時候下午會有兩三個小時客人很少，我們會盡情的畫畫、寫作、閱讀，老闆除了快發薪時會罵罵我們，其他時候我都感覺這是自己的店。我有大把的自由，但我不會亂來，我刷地認真，我服務親切，我會自動自發打掃布置，和同事研究如何煮得更好吃，我和同事都享受這份工作。

我享受當「偽老闆」掌控全場的感覺。

從那種我什麼都不會，到可以一次服務滿場二十幾個客人的成就感。

我也曾在澳洲做過飯店打掃，這是勞工階級的工作，我和原住民以及其他打工仔一起工作。（澳洲的原住民和台灣的不太一樣，大多領政府補助，常常在路上喝得爛醉，工作愛來不來。）每天掃廁所，飯店的廁所是很龜毛的，我要跪在地上把每一滴水擦乾淨，包括馬桶。每天打掃二十間房，鋪三十張床。我們好像外勞，被老闆吼叫趕場，因為要在下午兩點半客人入住前打掃完畢，每日早上起床，手指都是僵硬無法動的，因為過度工作。

可是我還是做滿任期。

因為我很喜歡那種刺激挑戰，鬥智鬥速的比賽，如果你動作快，你的班就多，但如果你太快做完，你的時薪又會減少，所以我們要團隊的默契與合作，要幫自己的隊友也能多賺，同時又顧到老闆的要求。我最後是做到整個第一線打掃員工的小隊長，可以調配團隊的人力資源，雖然我英文不溜，但主管知道我能掌握節奏，準時把任務完成，除了做自己的還能支援他人。外國客人常常一到飯店就把飲料零食塞滿冰箱，防曬乳液買超大罐用不完也不帶走，我們每次打開房間都是驚喜。

看著自己俐落的身手，增長的肌肉，飽滿的錢包，還可以交到各國朋友，真心覺得自己富足。

所以如果你的工作只是為了錢，而這工作錢又不多，自己也不開心，試著找到這工作為你培養的能力是什麼？你有沒有在不知不覺中已經比主管老闆厲害了呢？能獨當一面甚至自己出來創業也沒有問題了？又或者這個工作能讓你離夢想的生活更近一點？

現在台灣的工作薪資普遍不高，而年輕世代對工作的投入程度真的常常令我感到無奈，好像工作只是餵養自己繼續活在舒適圈裡，就是好工作了。

工作真的只剩下為了錢嗎？

這世界上缺的不是好工作，而是如何看待工作，用什麼態度去面對每一天的挑戰的思維。

工作是一時的，終有完成階段任務的時候。要現代人一生都待在同一家公司裡面，不是公司好待遇好就可以，而在於自己願不願意去找到其中的意義。

相信當你釐清自己為何在這裡，想要去哪裡，以及願意承諾自己先把眼前腳下的事做好，並且永遠想著自己可以做到更好，你去哪裡都會大躍進的。

所謂的成功，究竟是別人把好東西直接丟在你頭上比較爽呢？還是靠自己征服、跨越種種挑戰比較開心？

不是說工作一定要難才有價值，但往往都是在挑戰中激發了最珍貴的能力。

當遭遇工作中的事件與壓力，我們不再選擇逃或放棄，而是選擇面對與相信自己內在的初衷，即使丟臉、做不好我也要努力看看，因為我沒忘記我到底為何而來，想得到什麼。

往往就在面子放下也要一搏的狀態下，一個新的更好的自己就誕生了。

你的工作服務了你的內在了嗎？

小練習十八〈工作的更高目的〉

歐拉小叮嚀：

這個年代我們很少會做一個工作一輩子，但是重複的功課不要一做再做卡關啊！如果能夠在現有的每一個工作中都找到其中更高的意義與目的，這工作就會帶領著我們往下一個更好的地方飛翔，這個更好不只是條件上的錢多不多，而是更理想、更貼近自己靈魂的工作。

因為我們總在每一份工作當下，用貼著自己內在真心的方式來盡力，怎麼可能不成長呢？

詳細步驟：給自己一段安靜的時光，想一想你為什麼從事現在這個工作？除了薪水之外能否找到工作的更高動力與目的？這個工作給了你怎樣的挑戰與刺激？你想到自己需要增進怎樣的心理素質或能力，可以讓自己距離目標更近嗎？你要給自己怎樣的肯定語，每日打氣不忘初衷？

003 分享的道路

有些人會私訊我：「請問你是怎麼分享的？為什麼那麼多人願意加入？」我會說：「你經驗到了什麼，照實寫就對了。」似乎他們以為，在我的分享中，有什麼不同於常人之處。

有人會說：「應該是你文筆很好吧？」

其實文筆絕對不是重點。有很多文章寫得很好的朋友，文章獲得的迴響並不多，或是明明有人按讚，但真正要推廣的效應並沒有達到。

如果你每天都重複做你喜歡的事，我相信就算不特別傑出，也會有屬於自己的一條道路。然而這中間還是有些心法信念上的差別。

認識我的人都知道，我很害羞，也很省話，我可以靜靜的聽人說話，回答問題，但是要我打破沉默，用話語和別人混熟，產生交集，對我來說是耗能的，不是沒有能力做到而是結束後精疲力盡。

可是，你的短處也就是天賦存在的地方。

正因為平常的表達不是很強，不是我能量最容易流動的方式，也讓我變得喜歡思考，在內在反覆的把複雜的東西簡單化，抓到重點，化為文字。如果遇到必須要表達的時候，我就可以用我的速度，簡短的表達自己訴求的核心價值。

也因此自己內在的感動、感受、領悟，我擅長透過文字，表達出來。因為日常閒聊要到這麼深入，以我的速度，面對陌生人可能要五小時。

在部落格開始流行的年代，我也加入了部落客的行列。因為打工度假的訊息不多，我透過整理網路的資訊，以及在澳洲的真實故事分享，在網路上結交了很多朋友。也開始感受到文字的力量，喜歡分享帶來的滿足。

二〇〇九年回台灣，臉書開始流行，我也加入其中，當時沒有想太多，只是喜歡它豐富的互動性。

後來，我開始去上課學習，教練鼓勵我們把所體悟的心得分享出來，我就傻傻乖乖的做了。在試著把對生命的體悟化為實際的文字的過程中，我發現自己有這個天分，可以用簡單的文字表達抽象的體悟。

不過更重要的是，我發現因為我分享，所以我的領悟一次次的更深了。表面上好像是我付出了時間、精神，幫大家把重點整理好，但實際上得到更多的卻是我。

看起來好像是我把內在的東西掏出來給大家，實際上是每次都創造了一種流動，讓更高的美好流進我。

我以為我的體驗只屬於我，實際上是更大的我透過我來體驗。在某個層次上，沒有給出也沒有失去，只是一個經驗與重塑的過程，轉化出新的體驗與創造，沒有為了誰，因為自我與大我，都是我。

其實我也曾經想要停止分享，因為小我總會計較，會覺得沒有得到期待中的東西。（可能是某人的肯定，或是實質的金錢。）

但我發現停止分享的我，世界也停止流動，我想把美好獨留在我身邊，沒想到生命也因此感到窒息。

於是，為了我自己的內在生命力，又開始分享。把自己的經驗，再次的交還給宇宙整體，把嫉妒、擔憂、恐懼輕輕的包含進對自己的愛裡。

在這長達好多年的分享裡，有些人看著我一路長大，從結婚到生小孩，從一個普通女孩到成為老師，找到自己的路。

我感覺到有一個流動的群體，默默的，在網路的另一邊，等待著我的文章。

我常常會收到這樣的訊息：「你好，看你的文章好久了，獲益良多，你總是寫出我需要的，雖然不認識妳，但謝謝妳。」

也有人會說：「好開心我鼓起勇氣認識你，上了妳的課，我真的改變了。」

我生命中的酸甜苦辣，他們都看在眼裡，而每一次的超越，我都化為文字，與他們分享。不管是上師資，還是出國進修。瑜伽或風水，畫畫或育兒。

我遇到的挫折，領悟，上課的心得，人生中得來不易的幸福，只要是能化為文字的，我都一字一句的用手機打字，變成文章。

內在的黑暗，卡住的人性，矛盾和糾結，都要在這些文章中描述出來，將我的內在世界打開「淘寶」一番，否則就只是一篇篇普通的遊記，沒有任何蛻變的歷程在其中，當然也沒有力量。

我用這方式陪伴自己與遠方不認識的「你」們，持續這麼做，也有十年了。

如果回溯到打工度假的年代，那就……十幾年了。

如果說，我有一些影響力，那就是在這個文字交流的片刻，彼此都得到了支持。

一開始，我老公也會抱怨。

「好了吧！還不去洗澡。」

「很晚了，沒有下班時間嗎？還在回答問題？」

也許曾有段時間，自己是為了別人而努力，為了回答出更高的答案而學習。但最終，我走回了自己的道——那個努力貼近「真實」的路。一樣是分享，如何做到裡面沒有討好和造作？沒有自我形象的塑造？沒有特定目標的期待？沒有收緊，只有放鬆？

這其實不容易，因為「絕對的真實」只能盡量的靠近。在每一個文章裡，都還有可以拆解的禮物，隨著自己的成長與歷練，才能看出過去曾經想要表達的東西，還可以放下更多的自我。

所以，該怎麼說如何分享？

簡單的說，就是越「真實」越好。複雜的說，「真實」並非一條好走的路。

作為一個分享者，再說不是為了誰，也還是有個假想的分享的對象。再說沒有目的，也都是有個文章會指向的目標。

思想一但化為了文字，那就是從虛擬成為了現實，帶著能量與它自身的業，總會反撲與回饋。
真不真實，觀看文字發出去的結果便能檢視。

分享很簡單，回歸到初心就好。
分享也很難，要觀看到自己真實的出發點很難。
所以對於我，分享不是一種交換，而是一種修行。是一種檢視自己的方式，是自己體驗累積到一定程度不得不的能量轉換。也會感受到一種召喚，這世界上有一群（個）人，正在等著被文字啟動。
不做會很難受，但如果是為了符合某種別人的期待，會更難受。
我即是我。這就是我努力的目標。

004 你對成功的定義

我還記得自己小的時候，幻想過各種畫面：二十歲的時候，我要談一場美麗的戀愛。我要成為鋼琴老師，在家裡教琴。

當我國中的時候，最喜歡看 Beauty 雜誌，我又幻想著自己，能成為一位麻豆，在雜誌上面打扮漂漂亮亮的拍照。

當我大學時，看了《富爸爸，窮爸爸》，我心裡想的是，我要成為有錢人。

那時我為了成為有錢人，加入了直銷。放棄了政大的學歷，每天站在街頭填問卷，打電話約人來敷臉，每天三位，我超級努力，堅持了兩年，但是一無所獲。我累了，也負債了，朋友沒了，自己也不認識自己了。

於是我想了想決定重新去上學，放棄了我的夢想，先完成我的本分。

很奇妙的，當我回去校園後，生命開始轉動。

我當上了麻豆，可以拍廣告，拍雜誌。

我當上了鋼琴老師，可以教學。

我當時的男朋友（現任老公）對我非常非常的好。

好像我所有的夢想都實現了。很幸運吧！真的好像一場夢。

但是我快樂嗎？

不，雖然我感覺很多人喜歡我和羨慕我，但是我不快樂。

因為我一直活不出我自己。

所以我在工作上也遭遇了挫折，別人總是可以笑得如此自然，表演得如此自在。但我卻不行，我在角色的表現上卡住了。因為我在演，我在演自己沒有的東西。

我在教學的時候也一樣，我在拖時間，因為我對鋼琴並沒有熱情，我只是盡力把學生教會而已。

雖然這兩個工作都一直有人找我，最終我還是離開了。

因為我覺得我在背叛我的靈魂，我个快樂，我沒辦法活在別人的期待中。

曾經的夢想，因為實際經驗而看清，我並沒有為它們努力的熱情。

我思考什麼是我會一生努力，激起我活力與夢想的道路？我的牆上貼滿了各種美好的圖片，但我不知道這些圖片之間的關聯，以及背後的本質。

我真正追尋的，靈魂的呼喚，是什麼？

有一次家庭會議時，媽媽宣布了一件事，讓我赫然發現我活到二十五歲都是在為別人而活，即使我以為我在努力成為更好的自己，但原來還是逃不了期待與討好他人的渴望。於是我下定了決心，要做一件只為自己而做的事。

隔年，我把學生交接好，去了澳洲。那是我第一次為自己而活，當我踩到澳洲的土地時，我整個身體都活了起來。

我做著別人看來不起眼的工作：飯店打掃，Housekeeping。每天穿黑色的制服，掃廁所，搬床鋪。第一天工作，我搬了二十幾張床，回家我躺在床上無法動彈。我的好朋友叫我不要做了，她說這不適合我。但是我覺得，我終於可以不用為別人做，做給別人看，我好開心。我第一次感覺我的工作是服務於我自己，我第一次找到不用鬧鐘叫醒我，就會自己蹦蹦跳跳去上班的工作。

回到台灣後，又開始迷惘，不知道自己可以做什麼？

正好老公要開店，我順理成章的變成老闆娘。我還因此去上了行銷課程，那時的老師是 7-11 的行銷長，他非常欣賞我的結業演出「icash 行銷策略」，一直說很有 fu。所以我充滿信心的帶著熱騰騰的行銷模式，開店經營。一開始很順利也很快樂，可是日子久了，又開始不知道自己是誰？

難道就一輩子當個老闆娘嗎？如果不開分店，不培育優秀的人才，我還能做什麼？說實在的，這家店我已經沒有什麼好做的了。我和大家的想法不同，大部分美髮工作者，都是小時候學習的經驗比較不順利，對於自我的價值，還有未來藍圖都是走一步看三步。大多數人的夢想止於「自己開一家店，自己當老闆，不要被管就好」。這個以技術為導向的產業，老闆的技術最好，所以大家都聽老闆的。當時我沒有技術也很稚嫩，不會溝通，所以就更不用說要把好的觀念傳遞給他們了。

覺得苦惱的我跑去上財商課、成長課，接受了課程的概念：「人生應該要追求財富自由」，心靈成長富足，財富自由豐盛。

於是我又開始拚命努力，不只要求自己也要求老公，還要求員工，要他們每個人都要成長。

在公司搞讀書會，逼迫大家一週讀一本書。

大家叫苦連天，都快要鬧革命了。

我自己愛做夢，勇於追夢，但關於怎麼做人，怎麼和別人相處，我真的像有障礙一樣，做不好。

當時會很挫折，沒有辦法把自己的想法用說的表達，在人前就像笨蛋。

我只會用寫的，可是不可能日常相處都不說話只寫字吧？同事間隨便的流言蜚語抱怨，就可以把我讀書會的內容輕易摧毀。

我會怪我的人生，怪媽媽讓我長得太可愛，所以我都不會知道怎麼去討好別人，都是別人來討好我，我甚至還會怪爸媽沒有教我應對進退。

我當時還沒有想要對自己的狀態負責任。

我也怪公司的員工不思上進，為什麼不想成功？為什麼我提供成長課他們都不要？

又是一次再也受不了的退出，我總是一再重複這樣的模式。

做，努力做，發覺別人沒有看到我的價值；做，再努力做，最後受傷離開。

後來我終於踏進了身心靈工作。

一開始，當然也有樣版的學習對象，想要成為某個老師，像她一樣成功，像她一樣厲害。渴望得到老師的讚賞，渴望老師教我怎麼成功，渴望她像明燈一樣賞識我、引領我。

我願意做，我拚命，我想要成為誰。

那時對於老師的期待與想像是無條件的愛的仙女，能救我於水火之中，能讓我變身成為更厲害的人。

每次繳錢的時候我好期待，覺得我又要進步了，然後又發覺，老師並不會主動來拉著我的手，跟我說怎麼走。

老師並沒有要讓我依靠，於是在一次次傷心失望中，終於我長大了，決定要獨立。

我開始自己提出與創造了我的服務，我開始提供了自己的價值，而不是別人說他們想要我做什麼。

在出來服務的過程中，我突然發現自己是誰了。

因為我好享受我的每個服務，不管是我在教學，還是讀訊息，或者是每天回答學生的問題到半夜。

還是清早六點醒來，想到某人的問題可以怎麼解答了，然後打成文章。或是困擾自己多年的點，有解了，然後用手機打字一個多小時和大家分享。

有人，因為我的存在，使他們的世界得以喘息，被理解。那些和我一樣不懂表達，在某方面有溝通障礙的人，在我的文章或工具的陪伴之下，跨出了自己的障礙，興奮地告訴我他們為自己這麼做了。

雖然我無法解決所有人的問題。
生命的力量還是來自於自己主動出擊。
可是我的生命經驗如果能讓別人得到一點靈感，雖然是無償的打字，花費了我的時間體力，我還是打的津津有味。
因為有一群看不到的人們，也許完全不相識，卻因為宇宙的安排，看了文章得到安慰，得到往前走的動能、靈感，而讓停滯的狀態改變了。即使這輩子我都不會認識他們，那也不重要。
因為我的生活點滴都成為可以分享的資糧，所以我會更認真的活著，更真實的活著。

當我遇到困境，我會想著，也有人會遇到。如果我能穿越，那我就能再多幫助一些人穿越。是因為這樣我變得勇敢。

雖然我好像還是活得像是「有個要給他看的對象」，但層次不同了，內在核心力量放的位置不同了，展現出的品質與和諧感就完全不同。

如果你覺得我曾經給予你幫助，那其實是你對我的需要「早就提前給予了我力量」，使我覺知到我唯一貢獻世界的方式就是讓自己更提升，而將提升的經驗品質能量頻率，回流給世界。

宇宙中的時空是沒有先後的。我們都在忽前忽後的跳躍著，去完整彼此的生命。

寫到此，真的充滿了感動感激。

二〇一六年因為身體不適接觸了負離子，我簡單在網路分享，沒想到短短三個月，拿到全球第一名業績，並連續三次全球第一，至今每年都持續得獎。這是我完全沒有想過的，卻讓我明白了所有的善良、付出與愛，宇宙都努力找到迴路來還給你。

這也讓我真實感覺到，如果你走的是正道，那就會在所有的地方發光，而不是只有身心靈。是那些默默看我文章的人，與我生命共振著，卻願意自己付出力量的人，創造了這個奇蹟。謝謝你們。

成功，到底在哪裡？誰來定義？誰賦予你？在我得到這意想不到的生命經驗後，我反而陷入了很深的沉思之中。

按照世俗的概念、眼光、團體的聲音，你從哪裡得到福報，就該回饋給那邊的人不是嗎？

那我又該往哪裡走？

有一陣子我非常的拉扯，但我還是決定往反方向走去。

這跟名聲無關，因為我早就非常投入與公開的和這個產品結合在一起。

這和他人的喜愛無關，因為我離開反而是承受與聽見更多失望的細語。

但後來我的想法是：我曾經無私的與世界交會，以至於世界用此方式作為支持，讓我有更多餘裕再去貢獻力量給其他人。

於是我選擇回到世界，這個最大的池塘。

每當我做一個決定，不管我是選擇產品代言人，或是選擇身心靈，都會有人認為不對。
所以我的衡量真的不是對不對、好不好、別人怎麼看我。
我必須跨越「自私」與「逃避」的標籤，選擇用我的方式，去走我的道路。

沒有人能為我的人生做決定，沒有人能承擔我生命的重量。
即使我身邊有再多的人、同溫層，所有的好壞成敗、批評指教，我都要自己接受。
因為成功這件事，只有自己覺得成了，才是成了。

二〇一九年我開始做 YouTube 頻道，又是一個新的嘗試。
我做得成功嗎？和很多頻道相比，不成功啊。
但回到頻道成立的初衷：
「我是歐拉張韋婷。
一個喜歡分享生命故事的人。
藉由我熟悉的工具，陪伴大家自我成長。
讓生命持續前進，活出真我，活出豐盛美好。」

我想，我就是要一直這樣下去。

因為成功不是爽一時的，而是上天堂的時候，我回顧自己的一生，覺得這一生真的他媽的好勇敢啊！我都佩服死我自己了！

那就成功了。

005　找到天命

上課的時候，學生問我：「我要怎麼知道我的天命呢？」

我說：「我一開始也不知道呀，就會想要去找老師，讀訊息，花錢認識自己。可是最後讓我遇到天命的，卻不是這些訊息，而是我的心，我內在的指引。」

二〇一二年的時候我好喜歡水晶，我不是個敏感的人，水晶什麼能量的，我一點也沒感覺，但我就是喜歡，很喜歡。特別是那些越沒有被琢磨的，越原始的我越喜歡。

有一天買水晶的時候，看到那個老闆會和水晶說話，我覺得好有趣，我也想要有這個能力。於是我上網找，看到一個課程，學費要一萬八千八，叫做「成為水晶管道」。我根本看不懂內容，也不知道老師是誰，但我就是深深被吸引。(同時期有個香港老師比較有名，課程也比較功能性，費用也便宜，可是我的心就是選了那個連照片都沒有的老師，連課程內容都看不懂的課程。)

上課時，我是第一次接觸，對於感受能量我沒有經驗，老師叫我們分享，我也只能說出一點點，例如閉上眼睛看到了非常模糊的白光。可是我真的很喜歡這一切，我好像來到魔法世界，雖然我一點都想不起來，但好像又很熟悉。尤其是上師和老師，對我來說，有種說不出的親密。

課程結束後，我就開始練習，我知道要實際行動，才會進步。所以我開放十個免費水晶訊息解讀，但是要給我心得。

沒想到，一下子就額滿了，收到心得讓我信心大增。我離開工作，開始收費解讀訊息。（我真的很勇敢，因為我只會一樣東西而已。）第一個月收入三萬，不知不覺中，我開始走上這個旅程。

我有這每個月的收入，就再去上各種課程，我的技巧越來越多，學了花精療法、誦缽，但收入還是差不多三萬。

再半年之後，我開始學風水，原因是我被風水支持，因為老師幫我做了風水，讓我有勇氣做自己喜歡的事，很感動。（記得當時我付了四萬多，超過我的收入。）

我並不知道自己是不是適合做風水，到處趴趴走調整能量。

因為我當時很柔弱，我只是想，我能幫我家人做就很滿足了。只要能做三個家，我就覺得不虧了。

可是上課回來後，我開始提供風水的服務（這次我有正常收費），沒想到一個新手，竟然馬上得到二十幾件風水案子，我花了兩個月才做完。

我每天都在工作，誦缽、風水、諮詢，早上六點一直做到晚上十二點，我老公都覺得太拚了。但是當你在做喜歡的事，當你知道有那麼多人在等待你，你真的停不下來。那一刻，我感受到什麼叫做天命。

後來接連參加了二〇一四年美國瑜伽節，高我課程，泰國瑜伽節。

我開始有另外的道路，我以練習瑜伽穩定我的能量，提升我的體力，我靠高我書寫整合我內在的衝突，並且帶我往上到更高的藍圖。

二〇一四年十一月，我上了覺知孕育師資（昆達里尼瑜伽裡面的一個區塊），那時，我也還不覺得自己可以教瑜伽。

但剛好有三個高我課同學希望我教她們，於是我帶共修（一堂250元），後來想一想，既然時間都排了，幹嘛不多一點人？所以我在臉書上找人一起做瑜伽，沒想到，原本的三人竟然在開課前變成三十人。

那一刻我知道不去上瑜伽師資不行了，因為有那麼多人在等著你。
所以我沒有管什麼錢，我每次都是快上課前一刻，錢才到齊。
我沒有管什麼時間，我還是硬著頭皮和家人商量，請他們幫我顧小孩。

金錢課題、家庭問題人人都有，可是永遠都有方法可以穿越。
不是別人要阻止你，而是你有多堅定，讓人們不得不幫你？
我做到了。以後就不會再有阻礙嗎？當然會呀！可是每個宿命都是遇見天命的考驗。

什麼是天命？怎麼遇見天命？

跟著你的心，行動，你的天命早就在那裡等著你。

不管算命的老師、解讀的諮詢師告訴你適合做什麼，我都是跟個案說：「天命是活出來的。」
它一直就在那裡，如果你覺得某件事很有趣，很吸引你，那你就去做看看，你會發現自己會有停不下來的感覺，甚至周邊的人也會被你的這種狀態吸引而來。
但是你就是要去試啊，而不是永遠在家裡想：「我的天命在哪裡？」那是永遠不會自己掉下來的。

試想我當初是個痲瓜，如果水晶課就在自己的想像中否決了，後面還會有今天的我嗎？想必是要繞好大一圈。

不是老天不給機會，而是人往往會慣性否決機會。

敞開心，一無所有的人，反而更沒包袱可以往前衝不是嗎？

你願不願意好好的聆聽那個召喚並行動呢？

小練習十九〈與天性相遇〉

歐拉小叮嚀：

很多人沒有時間和自己相處，每天就是一直追逐社群媒體上的名人偶像，希望成為更好的自己，不斷被各種廣告課程文案催眠，急於速成，想要快速找到答案，歐拉不會排斥上課，但是跟自己都不熟怎麼會知道什麼課程適合自己呢？

詳細步驟：請給自己一週一次的自我約會時間，在那個時間裡，去做一些不見得會有回報但你很喜歡的事，就只是和自己在一起，例如去公園一個人野餐，在大自然裡散步聆聽蟲鳴，一個人看畫展，拍攝天上的雲，種植植物，畫畫，不是用培養技能的心態在做這些事，而是去習慣當我不是為了某個對象而做的時候，我喜歡什麼？練習與自己的天性相遇。

006 做你喜歡的事就會成功

今天看到一篇文章，覺得感慨。

大意是說「做你喜歡的事，得到理想幸福」是一個過分樂觀的想法。

文中描述一個博士努力做自己喜歡的事，學習奮發向上，但最終在社會上沒有適合她的工作，過著低收入的生活，於是感覺這套理論沒用。

一直到現在，我還是「做你喜歡的事」的支持者，但我也已經從天真樂觀派，變成了理性思考派。

以前來上我的課的學生，總可以聞著我空間內的香氣，在粉色柔和的燭光下，輕柔高頻音樂中，聽到我傳遞那些天使訊息，撫慰人心。

我會鼓勵學生：「相信，就能做到。」

但是很有趣的，教會我現實的也是我的學生們，因為大部分的人即使相信，也不會做到。

他們根本不會去做，只是希望透過付錢上課的方式，交換一個希望。很多人誤以為，只要這樣一日復一日的連結高頻能量，自己就會改變。

這使我改變了上課的態度與氛圍，我不希望再用夢幻的氛圍來與大家泡在一起。現在你來上課，通常是明亮的日光燈，以及我直接敘述我的操練內容與過程，上完就是自己的實修。能承受這種自己孤獨地建構自己的人，說實話一年後只剩十分之一。而像參與財富金鑰系統，能夠二十四週每週跟上，並且實作的人，大概只有15%。

但是要不要推廣？要不要更多的互動、說明，去讓他們明白？要的。不能因為自己覺得簡單、說過百次了而不說。

即使每次只能喚醒一個人，讓他發現自己沒有改變的原因是自己的「誤以為」，那都是很大的值得。

即使他們沒有跟上進度，但終於自知自己缺乏的是紀律和耐心，後來有超過一半的人用自己的速度完成二十四週，寫出自己的心得和收穫，這都是很大的喜悅。

正因為我如此明白的看到有多少人在用粉紅泡泡過生活，所以我更不敢再讓學生以為身心靈很夢幻。

它不夢幻，它就是生活。

如果你無法為自己的理念夢想奮鬥，那就只有被擊敗的份，擊敗你的不是現實，而是「你認為只要這樣想就夠了」。

你貪戀的是這些可以使你逃離當下不堪的自己的「簡便方法」。

你一直在搜尋「更好、更快、更簡單」，運用在生活的各個層面，而我們大多數人也都買單這樣的商品、金融制度、思想、醫療……以至於被操控也不自知。

你會聽到很多故事，告訴你：「真的，只要相信就能成真。」

我走過這過程，看過那麼多尋夢人，如果你問我：「相信重不重要？」

我還是會說：「重要。」

我還會加一句：「去做你喜歡的事。」

但是它絕對不是簡單的事。

可是為什麼那些成功做到的人都這樣說呢？

那是因為他們渴望到，即使只是嚐到一點甜頭，都能使他們忘卻自己的傷痛、屈辱、疲勞、錯誤，而且願意去清理所有在這道路上的阻礙，即使阻礙是如此的多，都甘之如飴。

「我在道上了。」心神是如此的陶醉，在自己的藍圖之中。

例如我的 YouTube 頻道想要達到一萬人訂閱，我從二〇一九年七月開始，就定期的產出影片，修正技術，調整風格，思考內容。每一支影片做出來累不累？累！但是我知道我在做什麼，以至於這些累，不足以阻擋我繼續。

我分享課程十年到現在，有沒有受過傷，挫折過？當然有，但是即使很痛，很難受，還是無法阻擋我想要完成的心。

因為我愛我的工作、我的夢想，以及與我夢想交織的人。

而我會變化，變通，去調整，以讓自己有更多的路徑完成同樣的目的。

財富金鑰系統說：「懂得這道理的人，不會什麼都不做，相反的，他們比以往做的更多。」以及「如果你一直沒有得到你想要的成果，是因為你沒有付出相對應的勞務。」能夠享受，並且有能力移除障礙物的人，才有辦法走到最後。（即使障礙物是自己的心魔。）

那些說簡簡單單過日子的人，也沒有錯。

但即使你要當隱居者在鄉下種田，也有需要的勞務，需要處理的現實。

以為鄉下生活很閒，天天住民宿嗎？不如你先財務自由，就有可能。

但要到達財務自由，身心自由，你還是認為只要冥想就好了嗎？

給我醒醒！

逃離當下有時候是真的需要喘口氣，我懂你。

但假裝在追尋夢想然後不看不聽把自己的人生都給放棄了，最後說「是追尋夢想這件事不對」。

我會說，是你還沒長大。

回到那位博士，如果你認為努力就該有收穫，高學歷就該被接受，那麼你只不過是服膺了某種刻板的社會價值觀而已。那種教科書上的勵志故事，提取雞湯中的精神，給你打氣用的就好，不要認為「你就不需要真正的理解自己和世界」，不需要去做改變。

如果讀到高學歷，還不能夠變造出自己服務這世界的方式，被群體需要，以及能夠服務於整體，而只是要他人單純支持你天真的「喜歡」。這種學習是一種毒藥，是浪費，是高傲，讓你無法低下頭看看自己的實況。我絕對支持良善與信念，但是不是教條式的。

你是誰？你在想什麼？你要做什麼？

如何讓你的心和這世界心靠得更緊密，是你的功課與義務，能力越大思想也要越宏觀。

第六章　向宇宙下訂單

001 心想為什麼事不成？

如果你向神祈禱，或是向宇宙下訂單，卻發現神或宇宙不只不理你，反而將你的處境推到更糟，那有幾點你可以想想：

1. 在電影《王牌天神2》中，女主角傷心自己失去了一切，神看在眼裡，化身為人，告訴她：「如果有人祈求耐心，你覺得上帝會直接給他們耐心？還是給他們有機會學會有耐心？如果祈求勇氣，是給他們勇氣，還是給他們機會變得有勇氣？如果有人祈求家庭更和睦，你覺得上帝會給他們耳鬢磨蹭的溫情嗎？還是他給相互關愛對方的機會？」

所以你祈求健康卻生病，是不是給了你機會學著照顧與了解自己？

你祈求富有卻破財，是不是給了你機會去看清自己和金錢的關係？

有多少人中了頭彩卻在幾年後變得比原本更貧窮？

沒有經驗過內在體驗而得到的美好，是不是真正的美好呢？

2. 並不是說我們一定要透過受苦才能換來美好，因為這樣的想法也是一種制約，一種交換。

神或宇宙並不會要與你交換什麼，因為他們並不缺乏你的什麼。當你誤以為你付出了努力、血汗、時間，別人就該補償你什麼，這就是你受苦的原因，因為你一開始的設定就錯了。

把自己放在缺的、弱的、小的那一邊，並且帶著期待來做事情。

交換論，是人類的想法。

「無窮宇宙，從不匱乏。」（財富金鑰系統）只要心中設定對了，結果與答案就會出現。

3. 這又會有另外一個誤解：所以我們只要冥想靜心就好？把頻率校正就好？

對，也不對。

透過靜心，你通透自己的內在，把那些緊抓的放下。但仍然需要透過行動、意圖，創造出流動。

生命是流動的，想要得到，必先願意給出。（這也來自於財富金鑰系統。）

你試著想：就好像是河流，如果堵住了，就會形成壓力的累積，造成下游有一天突然洪水來襲。

但如果河流是通暢的，它不斷的往大海流，就能保持它永久的清新，它不需要大海的回流，因為那一點也不自然。可是，水會從四面八方再回到河流裡。

也許是雨水。也許是山上的泉水。

你若不執著自己的給予要從何處回收，你的水就不會枯竭。你若不執著一定要大海的回流，你才能給的出去。

當你不再擔心給出的會被誰收到，不控制自己的給出，你就擴大了自己生命之流的流動。

當你不再計算一定要從給出的地方換來收穫，你就天寬地闊，哪裡都能得到。

4. 這和當爛好人是不一樣的，因為所謂的爛好人，來自於對自己價值的不尊重。期待從自己的犧牲，獲得所謂的「好」名聲，這又是對業力的誤解，入了所謂「好人有好報」的桎梏中。所以沒有條件，沒有辨識力的給予，反而造成身邊的人貪婪，或者失能，這是造孽，也是自大。

5. 所以，「給不出去」與「亂給濫給」一樣無法改善現況。

一樣都是對宇宙法則的誤解和濫用。

6. 那我們該怎麼調整？

第一個：「心誠則靈」。

這個誠，不代表你祈禱拜拜的時候有多用力，拍胸脯多大聲，誓言多驚人。

這個誠，來自於對自己的誠實。

你要錢，你要伴侶，是出自於恐懼還是愛？（當你想到你的渴望，感覺你的心，是緊縮還是開展？）

是因為：「如果我沒有錢，我在這世界上就沒有價值，我在這世界上就活不下去。」

還是：「如果我有錢，我想要創意的體驗人生，我能夠揮灑我的熱情，我可以服務很多人。」

（如果你是金主，你要贊助誰？）

你要伴侶，是因為：「如果沒有人來愛，活在世上還有什麼價值？」
還是：「真想體驗看看我有沒有讓人幸福的能力，被我愛的人一定會很幸福。」

每個人的理由百百種，我不想貼標籤哪個對，哪個錯。
但如果沒有你要的效果，是不是要去誠實的看看自己渴望的理由，是不是出現了失衡的狀態。

在五次元的現在，你設定的狀態改變，當下的某些狀況就改變了，沒有時間差。（但不是要你只是在家思考都不行動。）很有可能曾經對你極壞的人，在你的設定改寫後，就柔軟了，能和你溝通了。（你還是要去溝通，要付諸行動。）

第二個：其實你並不是沒有，只是你看不到。

很多人的心塞住了，對他來說，每天都是一樣的，天氣，一樣，天空，一樣。
如果缺乏感動的能力，你的電磁場就少了一大半。讓你的心輪開始運作，是很重要的第一步。

要能夠不再對目前的生活感到麻木、無聊，要重新啟動你的心輪。我覺得最簡單，踏實的方式，就是參考《魔法》這本書，寫感恩日記。

一開始會覺得很八股、傻、呆，但總比你覺得人生無趣，做什麼都不好，好太多了。當你打開對自己生活每件事的新觀點，當你開始對自己得到的幸福、愛有感覺，開始對一陣風，一口呼吸，一片葉子都覺得感動的時候，世界怎能不美麗？不豐盛？你怎麼會不被充滿？

而這充滿的感覺，將能帶著你去任何地方；這充滿的振動頻率，將為你帶來美麗的創造。這創造的結果無論是什麼，你都能從中看到祝福，覺知自己的生命狀態。

財富金鑰系統說：「**所有的得到，都來自於我們對於有那個東西存在的認知，而所有的失去，則是來自於我們無法認知那個東西的存在。**」

一切的有，都是先建構在意識的世界上，而形塑於實體世界。

小練習二十〈增加豐盛的認知〉

歐拉小叮嚀：

為了增加豐盛的認知，請找一本筆記本，或是利用網路社群，每天記錄下你觀察到的十個美好，那些你原本認為理所當然的天氣，花草，食物，以及與你相遇交流的人事物，他們帶給你什麼？推動了你什麼？匯聚在你的面前，你是否看見其中的安排？

詳細步驟：建議連續做個二十八天，你會感覺到生命中的美好都不是偶然，是好多人事物的匯聚才能有這樣的便利與豐盛。

002 輕易就能豐盛

兩年前寫了一篇〈一週只工作六小時，工作收入就七位數〉的文章，大家很捧場的轉載。
那時和朋友們去喝湯，大家都說被這篇文章鼓勵了，內心引起了很大的改變。
真是謝謝大家，也讓我有動力繼續分享自己的生命經驗，直至現在可以發表成書。

喝湯時正好朋友聊到在考慮要不要換工作，新工作月薪多了兩萬，卻要通勤且工作量加重。她很苦惱，但席中有位資深的占卜師卻說：「如果你要成長，換工作就是目前必經的路程，如果你要維持現狀，就不要換，也不會有錢。」
讓朋友很失望，她說：「為什麼我不能和歐拉一樣？做很少的事、做喜歡的事，也很豐盛？」
啊！謝謝好友的這句提醒，我才知道有更多的細節是要為大家補充的。

每個當下，我們都會有好幾種可能性可以選擇，而這些選擇，則形塑了我們的未來。
相信大家都不陌生，每個人都是這樣走來。
要怎麼知道該怎麼選擇，才會選到又棒又好的路，選到又豐盛又輕鬆的未來？

我想大家都很想知道，所以才會有那麼多的占卜工具，運勢分析。但因你當下意識狀態頻率的不同，也就是說即使大家看似身處同樣的環境內，因為專注的焦點，還有體悟的認知方式不同，會與你產生量子糾纏，影響你往好方向走或壞方向發展，結果完全不同。

為何你目前的氣運，只能出現有限的選擇？而他人卻好像永遠都像打不死的蟑螂？去哪裡都活得很好？

我用玄妙一點的說法來解釋好了，這和每個人的意識狀態有極大的關係。

我簡單粗分為三個層次：

1. 三次元狀態：

假設時間是一條長河，你正在一條難行的河面上（目前的人生狀態），雖然你的目標是泱泱大河，但是從這個充滿石頭、激流的地方，是無法立即連接到寬廣大河的。

航行人的技術很重要，因此你的信念很重要，你必須非常、非常、非常確認你心中的航道，才能在每次轉折的時候，把船導到正確的方向。要有不怕失敗的勇氣，在失敗中學習，即使偶爾被石頭卡住，也要勇敢修正，把阻礙移除。

但也因為是條河，中間的路徑已定限。

就是所謂的命中註定，時間空間的約束還是很強大，你必須很賣力的才能脫離原本生命的設定。

這就是我人生的第一階段。

零到二十六歲，還不清楚自己有什麼問題，只覺得沒有好機會，好出身。

不認輸，想贏，想要突破自己，然後又失敗。

一再的找方向，受打擊，再努力……必須要有堅強的韌性和毅力，也要有與眾不同的任性、個性，用苦幹實幹找出路，跟命運拚搏。

2. 四次元狀態：

你似乎懂了些什麼，意識到自己更多的現狀與法則的關係。知道要改變路徑，除了莽撞行動，似乎還有更高層次的法則。

你有機會改變路徑，雖然你現在在一條河水很淺的河床上，無法前進，也得不到滋養。可是，意識的種子，可以為你帶來改變，例如：吸引力法則、業力法則。透過心識的力量，你冥想未來，同時校準方向做行動，冥想豐沛的雨水降下，將河床填滿，將你帶往新的路徑，一處河岸邊都是良出綠地的美麗水路。

但因為種子發芽需要時間，願力開展需要能量，只是可惜大多數人沒空鍛鍊心靈的力量，寧願花時間恐懼擔憂抱怨，也不花時間冥想。或花了時間冥想，卻不投注相等的行動，因此對自己不喜歡的人事物投注太多能量，對自己熱情的事花太少時間。

如果你想成為一個園藝大師，但你每週五天都在上可憐的班，只有假日兩天可以實際做園藝，有沒有機會成為園藝大師呢？

我不會說「沒有」，因為要改變路徑，一個是埋下自己的種子要夠多，種子是你的行動和信念，另一個就是種子要夠純粹，思想要專注。（這是為什麼很多成功人士都會學習冥想。）

這個階段是我的二十七到三十二歲。

我開始冥想，並植入新信念，改變了路徑，花了五年。（但是行動沒有減少喔！）

3. 五次元狀態：

沒有路徑，沒有時間差。

你意識到除了法則，最終你修的就是「和解自己心中所有無法愛的部分」，合一合一再合一，直到你不再顯化阻礙給自己，而是無限的結合可能性。

它不是教條，不能用一直反覆的複誦，逼自己做到，你必須真實的體會理解與面對，去感受你此刻的糾結，與它所蘊藏的能量。你是一個無限力量寶石，只是我們99%的力量，都拿來搬石頭擋住自己了。

這也是為什麼我當初那麼努力在推廣高我課程的原因，當你的身口意合一的時候，內在的狀態，會很快的顯化。

就如同喝湯的另一友人，她說她一個觀念放下、整合，突然有人匯款給她一百萬，無償贊助。你一定也會想：「這麼好，我也要來練。」

知道怎麼開始嗎？

這是一條時時刻刻對自己保持覺察覺醒的路。

我教課，工具並不難，但是能夠每天使用，並且每天去轉換提升自己意識的人卻不多。

你能夠覺察自己每一句話說出口的意圖是什麼嗎？知道自己每個行動當下是因為恐懼還是擴展？能夠帶著覺知的呼吸和你的行動同行嗎？能夠感受整個生命就是一場極大的冥想嗎？

五次元是沒有路徑與時間線的。

當意識一提升，平行時空就進入了，而這條路我從三十三歲開始走到現在還在修。

說到此，你應該知道為了豐盛，我花了多少努力？為了理解世界的運作法則，我依然不斷地在鍛鍊著。

除了分享我會的，去形塑一個更大的共同體，讓集體豐盛之外，也會因為多去講解，自己領悟到更深的層次。

但能創造多大的豐盛，則與個人的能量場有關。那能量場又該怎麼去擴大呢？

我下一篇再來詳細說明。

003 豐盛的內涵

每個人都想要豐盛，可是為什麼有人做了一點努力，效果就非常顯著，而有些人拚了命，效果反而很差，甚至更辛苦？其實這都是源於認知上的錯誤。

以下是我結合了昆達里尼瑜伽中豐盛的觀點，以及從我學習中的體悟整理出的心得。

豐盛有九個要點：

1. 首先要**轉化情緒**

情緒並不是一個壞東西，情緒是我們內在情感與生命力的結合，當我們遇上事件時所產生的能量反應。

我們如何去處理它，會對我們有很大的影響。

情緒就像是樹的葉子，它會不斷地長出來，我們只是去處理葉子有用嗎？當我們不清楚問題的根源，我們會以為自己就是情緒，就是我們的思想，就是我們的心智，我們無法認出自己是神。我們會不斷的自我批判，消耗能量。我們總是希望做一些事來讓自己覺得開心舒服消氣，卻沒有要去解決根本的因，看見更深的本質。

我的老師說了一個故事：有兩隻小魚在大海裡，一隻老魚經過，問他們：今天的水好嗎？小魚說：「那個老頭瘋了嗎？什麼是水啊？我沒見過。」（後來這故事也出現在電影《靈魂急轉彎》中。）

我們多數人都和小魚一樣，認不出自己是神，並且被神包圍，神就在萬事萬物裡。

情緒是片烏雲，遮蔽了太陽，太陽就像是我們的本質。

即使現在我們只看得見烏雲，不代表太陽不存在，我們只需要轉化那片烏雲。

為什麼是用轉化的而不是移除？

因為最基本的物理學說：質能不滅。（能量無法消失只能轉換。）

情緒只是一種能量，你無法消滅它，你只能轉化它。

當你學會轉化和使用你的情緒，你會變得非常有力量！

2. 接受你的障礙

當你想要豐盛，你一定有某種索求、某種受苦，未被滿足。

你本來就是完整的，你只是還沒辦法認出你的完整。如果你認為自己是不完整，這就會形成一種投射，去創造外在的世界。

你從別處得到的，也必將失去，因為我們有個「不足」的信念。

這存在於我們的每個細胞之中，即使你的頭腦沒有這樣想，幾兆億個細胞一起幫你想，就很驚人啦，這就是潛意識的力量。

你必須接受你的障礙，和你的障礙合一。

你可以列出你的障礙，然後問問它們：你想要從我這裡得到什麼？你需要什麼？如果你得到了你會覺得如何？

再說兩個故事吧！

故事一：小孩子總是吵著要東西，你給他這個他要那個，給他那個他要這個。

他真的是要「東西」嗎？你會發現不管給他多少他都無法滿足，還是會來吵媽媽。

其實他要的是「無條件的愛」或者「注意力」這個本質，一旦你滿足那個本質，小孩就會覺得滿足。

故事二：一個瑜伽士走進一個惡魔之地，惡魔出現了，非常兇惡！

瑜伽士問惡魔：「你們想要從我這裡得到什麼？」

惡魔說：「我們要吃你！喝你的血吃你的肉，然後變得非常的可怕。」

瑜伽士又問：「那你們需要什麼？」

惡魔想了想：「我們需要被接受！」

瑜伽士說：「如果你們被接受了你們感覺如何？」

惡魔想了想說：「我們就會覺得我們不是惡魔，我們可以感覺被愛。」

瑜伽士說：「好，我接受你們。」他完全的敞開了自己。

結果惡魔們紛紛向瑜伽士頂禮說：「我們願意成為正道的守護者！」

不要和你的障礙抵抗，接受他們，轉化他們，使他們成為你的助力！

凡抵抗的必將更為加強，凡接受與接納的，就有機會成為你的力量！

3. 讓你的行動和你的內在價值合一

如果你的內在價值是喜悅平靜，可是你卻為了錢去做一個必須和人競爭的工作，在能量上是糾結的。

舉例：你喜歡環保，可是當你投資的時候，你卻選擇了某些大公司的股票，他們可能僱用童工或者使用雨林的珍貴資源。即使你不知情，你依然在能量上相互牴觸。

你必須非常有覺知的去選擇你運用的工具，讓那些工具都和你的生命價值合一。

例如我的生命任務是協助人們進入黃金世紀。

所以協助人們找到本質與進入寶瓶年代的昆達里尼瑜伽和財富金鑰系統課程，都和我的生命目的相同，不會造成牴觸，我無法推廣與我珍視的價值不同的事物。

當你做與自己內在價值合一的選擇和行動，你會發現會有無形的助力，讓你可以更順利地前進。

4. **先去創造你的內在財富**

如果你沒有辦法從別人身上看到神，你將無法看見神。

這個世界就是你的投射。

如果你無法感受到你內在的滿足與豐盛，即使很有錢，你還是會覺得你擁有的不夠。

再來講個故事：我的老師有個學生非常有錢，那個學生的母親過世之後，他去整理母親的遺物，發現一棟城堡大的別墅裡面，塞滿了各種未拆封過的物品。母親生前總是不快樂，她用購物來填補自己內在的空洞。現在她過世了，留下滿滿的遺物，有什麼用呢？如果你不知道自己真正需要的是什麼，買什麼也無法滿足你。

所以，先去認知到自己是完整的，去思索什麼事會帶給自己最真實的滿足，是每個人最重要的任務。

5. **朝向你的天命走去**

每個人都有自己的人生劇本，可是不見得最後每個人都能夠演好它。

有些人努力想要了解劇本，所以去算命，想要預知命運，但是未必有什麼用。你的心態不對，只想要避開壞的，得到好的。要知道，沒有什麼是好的壞的。

生命之流本來就會起起伏伏，一個永遠高漲的海面如何能推動船隻呢？潮水就是要起伏才能產生動力，所有的低潮只是蓄量，為了下次的高潮。

所以我們需要的不是未卜先知的能力，而是信任直覺和心的能力，使我們能夠勇敢的選擇走向自己的道路。

所有的宿命都幫助我們朝向天命。

你的天命就隱藏在你遭遇過的困難之中。

已經太多人分享過，是如何先解決與正視了眼前困境，正視了自己的問題，然後才發現自己的才華才能與天命的。

6. 信任未知

我們總是想要安全，所以我們用經驗來選擇。

因為以前投資股票失敗了，所以股票不安全，買不動產才安全。

因為以前交太帥的男朋友劈腿了，不安全，要找長相普通的人才安全。

經驗是已知，經驗也許可以幫助我們避開危險，但是，舊路徑走不出新結果。

如果你想要和以往不同，你不能用頭腦去選擇，因為頭腦的知識是已知，而靈感和你的心是未知，要去信任他們能用最適合你的方式帶領你。

未知並不只是代表「我不知道」而已，更包含了對無限的連結感，信任老天爺會將更好的帶給你。

雖然我不知道會如何呈現，但一定比我頭腦設想的更好、更宏偉、更適合我。

7. 學會接受

有時我們以為接受很容易，因為我們想要「獲得」，但接受和獲得是不一樣的。

一旦我們有辦法從未知中接受，在不出於貪婪的心下，就成就了接受和接收。

例如：當我們說一朵玫瑰花好漂亮，我們和玫瑰花之間就有了阻礙。（因為我們產生了看法。）我們就無法單純的去經驗了。如果我們對它沒有看法，我們就完整的接受了這朵玫瑰花。

你之所以無法接收或接受是因為你對這個世界有太多的看法，而這些看法會使你卡住，因為你想要別人照你的想法給你。當你不限制要用什麼方式得到，你就會什麼都得到了。

8. **成為宇宙的流**

萬事萬物都是頻率，更細膩的去感受你和宇宙和他人之間的流動。去覺察身邊的機會，如果一切都只是流動，你將不會執著。

你不會覺得今天你對一個人好，他必須要感謝你，因為你只是在整體的流動中給出，而宇宙必定會從其他地方來平衡你，當你執著你對這個人好，他一定要有所反應，你的流動就卡住了。

宇宙之流是沒有單一方向性的，它自會尋找最好、最恰當的路徑來到。

9. **超越你的限制**

繁榮包含你從未知中接收的，以及你當初並沒有選擇的。

你想生男孩，結果卻得到女孩，你不只要接受，更要欣喜的接受。

不要預設立場你應該是什麼樣子，應該活到什麼地步，別人應該怎麼對待你。

當你不再設限，你會發現別人能夠給你的比你設定的多更多。

沒有預設，只是去經驗，去感受，感謝，接收。

最後：

這世界上的每一片雪花都有獨一無二的結晶，這是宇宙的遊戲。

你也一樣，**你擁有自己獨一無二的人生目的，認出你自己，實現這個人生目的，去意識到自己是完整的，那一刻生命之流都湧向你，怎能不豐盛？**

（這個部分來自於我學習瑜伽時，老師的分享，與我個人的體悟，只是單純看文字也許可以理解自己的盲點，但是要真正活出上面的特質，其實需要很多年的努力去貼近。歡迎大家來練習昆達里尼瑜伽，會在練習的過程中，更快的體悟到自己所卡住、遺漏的部分。）

004 分享你的豐盛

多年前上課的時候我們談到金錢，同學問我：「我知道能量要流動，可是怎麼樣才能流動呢？」當下我沒有最好的答案，不過我的心裡好像約莫知道這是怎麼運作的，經過沉澱，我來試著將內在的感受輸出。

所有的一切都和給出與接受有關。

給出與接受是我們生命本質的一部分，就像我們一定要呼吸一樣，一呼一吸之間，我們已經在接受和給予，只是我們有沒有意識到？或者我們常常忘記呼吸？

曾經我以我的文字自豪，並不是說我的文采有多好，事實上我的文筆是比較平鋪直述型的，盡可能地用白話表達，但是在打每個字的時候，我是感受著我的心，還有全身的感覺，一點一滴地接收和傳遞。

有一陣子我很抗拒這樣的形式，因為我突然覺得這是一個極度小我的展現，我好像在用文字替我做些什麼，例如招生，例如賣東西，例如寫文貼照片增加自己的形象和價值，我覺得文字是我組合出來的，所以我必定是那個寫出文章之人，所以我必須要為我的文字負責。

然後我就停下來，只發照片，即使有文字也只是兩三句話就結束。因為我想要真實。

可是奇怪的事情發生了，當我決定不再接受我的天賦的時候，我發現連我想要寫也寫不出來了，我感到困惑，難道這使用文字的能力並不屬於我？不是我個人很會使用文字，而是文字想要透過我給出去？

總之，寫不出來就是寫不出來，在電腦前面，一片空白。（當然寫日記自我反省這種的我還是可以，只是其他精微能量的敘述我做不出來了。）有些驚恐，但也無可奈何，只能看著別人的文章一篇篇的精彩。

後來有人邀我發表幾篇心得，說實在的，如果不是真的有感受到，我也沒辦法寫，可是我已經喪失了這描述精微能量的能力，怎麼辦？該怎麼寫？結果我在電腦前面，呆了一會，決定記得什麼寫什麼。

很奇怪，就這樣，第二段第三段開始，那個流又回來了，因為我臣服於它，我不再局限於小我的體驗裡，我寫這文章純粹是為了分享我的體驗，而我的體驗將如同一滴水流入大海之中一般，流入整體的經驗裡。

什麼才能是我的？任何才能都是天賜的，你只是比別人精通於接受某一面向的表達而已。當你不接受你的才能的時候，你以為你只是不使用而已，沒什麼大不了，卻沒想到那源頭的交流也會因此而乾涸。

於是，我從此了解臣服於天賦與豐盛的意義之間的關係何在。

以前我總認為，如果別人喜歡我的文章，那是他們喜歡我。

這是很個人的事，如果有人需要我幫助他們，我心裡會想：你怎麼也不自己寫？或是：那有誰會幫我寫？

但是現在，我會順著自己內在的真實去流動。

我分享，那些能量有平衡流動的學習心得或課程，有時候也會製作影片。

我並不以業配為生，我也不讓任何人因為我的幫助而變成過度依賴和貪婪，而是真正的成為一個管道，讓我內在的經驗很順暢的去到他們要去的地方。

就是這樣，這就是分享的目的。

很多人以為自己在分享別人的好，推薦他人，好像在幫別人做好事。曾經我也是這樣想的，以為自己的話有幾斤重。覺得自己大聲疾呼在喚醒誰。現在真的是因為平衡而無私的分享帶來了流動，認識了更多的人，發現宇宙那張無限連結的大網。

我自己也從每一次的分享中受益，體悟得更深。

我感受到的**那股豐盛不只是金錢的，更有一種萬物都可以互相支持供給的安全感**。

所以你一定有你擅長的方式可以流動，不會只有捐錢或捐物如此的局限。給出你的關心，書寫你的上課心得，真實的讚美你看見的人事物，對路邊的小花大樹加油打氣，認真的呼吸，每一刻都是給出的機會，每一刻都是豐盛。

有時候真心真實的與人交流，給予他人的支持，會比你直接給予物質來得更深，更讓人銘記在心，更激發一個人感受到這世界是美好的。

（但我還是有每月捐款，因為我能觸及和幫助的人有限，能夠透過慈善團體協助那些無暇顧及生活之外的事物的人們，我也覺得感恩。同時我也盡我的可能，寫文，拍片，分享給在網路與我有緣，有餘力思考收看的人。）

隨著財富金鑰系統課程的開展，有越來越多的同學會自動的寫上課心得，公開分享，我是很開心的，但這開心已不是在意有沒有人看見與認同我，而是來自他們跨出了那一步，逐漸願意將內在的體悟與世界共享，連結上更大的流動。

005 破除金錢恐懼

二〇一四年的某篇文章寫到二〇一三年時將琴賣掉，當做靈性學習的學費，是因為當時的我沒有存款。

那天晚上，我忽然想起我的老師，也曾經和我們分享過，她為了去上課，跟他老公說：「不好意思，我要把結婚戒指拿去換錢上課。」

當時我聽了好訝異！什麼？都已經是靈性老師了還需要籌錢上課，老師看來課開得很順啊！

（內在瞬間有個恐慌浮起，如果當靈性老師會如此的辛苦，那這條路還是我要的嗎？）

當然老師有跟我們解釋她個人的狀況，以及學費是多麼的龐大。

對當時的我來說，只是略懂略懂有個概念，嗯，原來如此，真是一條不歸路。

但現在我真的懂了。（當初賣琴其實是在聽老師說故事之前，不是被她影響的喔，而且那位老師現在很成功，不再需要賣東西了。）

如果你真的想要做某件事，那錢絕對不是問題，你一定可以生出錢來，只要你有足夠的決心。

我們大多數人無法前進，不是因為做不到，而是因為無法割捨。

例如：這是誰留給我的，這是保命錢，這是我唯一的……

如果有這樣的想法，那也沒關係，只是代表了你的夢想並不如你的安全感或思念重要。

不用刻意勉強自己，好好的和自己內在的不安相處，釐清它，和它對話。

當它準備好，也會成為你強大的後盾呢。

我有很多善於投資的學生，拿投資來說，不論你此刻擁有的股票市價有多高，在贖回前，它都不真正屬於你。

更深入的想，不論你名下擁有多少的資產，沒有被使用的金錢，無法產生價值，就只是一堆數字。

既然我們都明白金錢只是一堆數字，是為了去換我們想要的東西，那麼又為何要緊緊抱著，不敢使用呢？

我想是不信任自己有辦法再創造吧。

我的肚皮舞老師曾說過一句很療癒我的話：「**我所需要的一切都在這裡！**」

是的，我已經擁有一切，只是看我願不願意拿我擁有的去換取生命的體驗。

如果我就是立志成為一個明白天地法則運行的人，那麼我所有的資產，就是協助我去認識法則的工具而已。

一個藥女，她從開始學習到成為成熟的藥女也許要到她六十歲，她一生都在累積對生命和世界的了解，卻不累積那些死了帶不走的金錢。

我也不想被金錢束縛，金錢是我的工具。

於是乎，當你很清楚自己要什麼的時候，**你是富足的，你是豐盛的，金錢無法為難你**，不論你有或沒有它，你知道你依然可以去做你想做的。

沒有錢，會是一個問題嗎？我覺得不是。

金錢是被創造出來的概念，只要你有相對應有價值的概念，就不怕無法轉換為金錢。

持續抱持著沒有錢的想法而不去思考其他可能性，才是問題。

沒有錢依然旅行、創業的人，大有人在。

因為我所需要的一切都在這裡。

就在你面前啊，而怎麼用你面前的這些資源變成現實（錢），則是那些富翁一直在做的魔術。

富人看得見眼前的資源，即使他本身不具備，但是能將看不見的變成自己可用的，所以從來不怕沒錢。即使破產，也會再度富有。

而有些人則緊抓著一定要有「具體」的什麼，才能做他想做的事。

所以財富金鑰系統一直說著：「**是我們的認知形塑了我們的世界。**」

如果你脫離不了你的恐懼，你可曾思考過，是你形塑了那個恐懼，並將它視為必要，帶在身上。

小練習二十一〈書寫夢想〉

歐拉小叮嚀：

本書中有〈思索熱情〉，〈與天性相遇〉，〈想像你要的〉的練習，其實都在用不同的方式讓你與心中的渴望更靠近！你的夢想是什麼？你想做什麼？做這件事對你的意義是什麼？如果達成之後可以變成怎樣的人？那有沒有人用其他方式完成了一樣的事？你可以去網路搜尋看看嗎？你願意去詢問那些不被金錢困住卻完成夢想的前輩嗎？你的夢想對你來說真的重要嗎？這真的是你想要成為的嗎？

詳細步驟：給自己一段安靜的時光，好好感受那更恢宏版本的自己，會完成什麼美好的事？寫下來，也寫下時間與日期。

006 內在豐盛等同於外在豐盛

價格是假議題，價值也是假議題。

而「什麼是我真正想體驗的？」則是超超超級真議題。

今天看到一個群組裡在討論：什麼是便宜？什麼是昂貴？似乎有很多人過著「看價格過生活」的人生。

在我的金錢課裡面，其中就有一個功課：一個月選一天的時間，去你心中最高級的超市或書店，不看價格的「選擇真心喜歡的東西」。

你會發現，當你掃描店裡成千上萬個商品，而只是用心感應「這東西會不會給我帶來支持與新的啟發」？

購物變成了一個靈性的行為。你對應到的每一件物品，都可以檢視你的信念、喜好、價值觀。

你會有很多內心的小聲音跑出來，但是，不許看價錢。

放心，超市和書店的東西就算再貴，也不會讓你破產。

而你則在這上萬種選擇中，練習與你的心同在。
不看價格，更不評斷價值。

為什麼？價值不是很重要嗎？CP值不是要高才好嗎？

親愛的，當你陷入評斷的時候，管它價值有多高，你就是在用腦不是用心了。
我們每個人都學過，要傾聽心的聲音，要聽靈魂的語言，才會走對方向。
那你，為什麼都已經在如此安全的地方，還要評斷？
就算最後結帳發現自己買了一支三百元的尺，或是五百元的筆記本。又怎樣？

在選擇的當下，你是全然的喜歡這個東西本身，而沒有被其他的數字所影響。
因此，當我每次用五百元的筆記本書寫時，我就感覺特別的順暢，我感受到它的價值所在，因為它滑順的質地，讓我寫字又快又省力，所以我會經常寫，我會寫很多。
當我寫很多，我自己就可以解開很多的謎團，擁有很多的創造力。這是如果我當初看了價錢就完全不會發生的，多可惜啊。

我們還有另外一個功課，就是每個月吃一次高級餐廳。不是那種超值的吃到飽，而是真正五星級飯店等級的餐廳。

因為當你走進飯店的時候，你的五感，你的注意力，你的思維模式，會開始啟動。你會思考，要怎麼樣被服務，才會覺得舒服？別人是如何在呈現一個空間的美學？即使是自助餐，也絕不會擺滿了聯合國的食物，而是非常精緻的去呈現飯店的核心思想，或某一種主題性。

越高級的地方，即使裝潢華麗，也絕對有設計者想要表達的目的，他想呈現的美學思維。

把吃飯，一個月至少一次，當成去欣賞一個五感的饗宴，去浸泡。

不是要模擬成為有錢人。（當然，去共振一下那個空間中的頻率也很好。）

重點在於：**如果我認同「我的整個生命就是一場尊貴的體驗」，任何我「真正想要體驗的事」都不應該被「金錢的數字」綁住。**

也許我收入不多，需要更多時間存錢才能體驗。那也可以。

但是重點還是在於「我真的想體驗」，所以我要體驗。

而以上所提到的：去超市、書店、高級餐廳，都只是協助我們打破數字框架的一種方式。

因為任何的框架，從頭腦被看見後，都需要一個正向的體驗將它整個重寫過。一直到，你買東西再也不會被價錢控制為止。

至此，會不會有人覺得很可怕？我會把錢花光光嗎？會破產吧？
如果一個月去一次你也會破產的話，你真的要檢討一下自己的工作或賺錢方式，有沒有完全的發揮。

但那又是另外一個議題了。

真的有用嗎？
如果你只是花，只是去吃，而沒有去體會那個擴展，那個頻率的提升，也許就算過了五年，也沒什麼改變吧。（其實我覺得還是會改變的，因為無意識也是會輸入，你的行為久了，也會成為你的一部分。）

但我自己，在還是個小資女的時候，實踐了每月去一次高級超市這個練習。
然後慢慢進展到高級書店、高級餐廳、高級的衣服、鞋子。（你可以選你喜歡的東西去體驗。）
我沒有因此而負債，反而越來越自由，存款越來越多，因為我不用整天花時間比價，評斷要買什麼才划算。我可以馬上用我要的東西，刺激我讓我有更多的創造力。（到美術社不看價格買一堆新的工具，超級療癒內在小孩。）

因為**你專注的是在創造，而非生存**。懂得對自己好，也會吸引對你好的人。

不知道大家能否理解我所說的，我不是鼓勵亂消費喔，或是要你明明一個月只賺三萬卻每個月買一個名牌包，而是給自己特定的機會練習不看價格，練習用你的心，去感受，去啟發你自己。

（而且重點是，由小到大的開始練習，不要等到要上一個幾萬塊的課，才來感覺：這是我的心嗎？

就像高我對話也是平常就要練，而不是等到要做重要決定了，才把高我拿出來，才在問這是我靈魂的聲音嗎？你根本跟他不熟好不好？）

小練習二十二〈打開美好體驗的感官練習〉

歐拉小叮嚀：

你值得美好的一切，但這個值得需要我們有意識的逐漸去打開，而非暴發戶式的隨意對待金錢。請尊重自己用心賺來的金錢，真正去使用在自己怦然心動的地方。幫助自己提升美好的感受力，用心體驗好的物品，好的消費經驗，打開美好感官的練習。

詳細步驟：效仿文中的做法，一個月給自己一次，不看價錢只是感受內心的小冒險吧！請從高級的書店，高級的超市開始，打開心，好好的用五感，選一個你真的很心動的物品結帳。

終章

終章

看到了，如何延續，再成為自己的

最近很少寫長篇文章，被高我催了，讓我夢到自己把這些重點統統寫在黑板上。醒來之後趕快記下來，同時也把這陣子在教學過程中看見的狀況寫出來。

1. **學習沒有捷徑**：常有人認為，我去上了一門課，那我的狀況就會被解決，我的傷痛就會不見，或我從此以後就可以過著幸福快樂的生活。還沒報名之前就會存著某種「幻想」，老實說，我自己以前也會這樣，總是期待下一次的課程就押對寶了，會獲得什麼了不起的魔力，將目前的陰霾一掃而除，心境的改變的確會影響實相，在課程之中，也許是團體的力量，或者是被老師的內在狀態所影響，心境的確會大為提升，但是回去後若沒有持續的操練，那種狀態就如同鏡花水月一樣，會逐漸的回歸到原本的渾沌狀態，所以**持續的操練和累積才是成果得以展現的真諦**。在我的某些課程中我也是盡可能地為大家提供不孤單的環境，讓同學感受到即便課程結束，還是有許多人仍在練習，並且持續產生成長。

2. **不要對大道理上癮，道理是要活出來的**：總是看見許多人在轉貼一些文章，也許只是看見了文章中一些可以支持自己內在狀態的言論，將自己目前的狀態合理化。最近看了陸劇《琅琊榜》，就會知道文士風氣，只談而不做的狀態，已有幾千年的歷史傳承了。漂亮的道理到處都是，人人都會講大道理，但人人遇到狀態還是一樣非躲即避，並沒那麼慷慨激昂。每次遇見一些事情，就翻些文章，讓自己被安慰一下，而覺知與行動的能力卻沒有提升，那麼也不過是用一個好看的紗，來掩蓋自己目前的一片混亂，並沒有真正想要改變的心，只有因痛苦而想逃離此刻狀態的衝動。

當我們看到美好文章想要轉貼的時候，不妨問問自己，我是要用這段話來做什麼？給誰看？希望改變什麼？而當我希望他人改變的時候，我自己做了些什麼？是只有知識的累積呢？還是我真正的運用在生活中了？

例如當你想轉貼一篇早睡早起的文章，究竟是為了炫耀自己就是所謂早睡早起的健康寶寶？還是真心的想要關懷家人朋友？對於他們無法早睡早起的恐懼是什麼？認為他們活得不夠健康會拖累自己嗎？還是可以思索活出早起的意義與價值？並且用創意的方式讓早起變成是一個很好的生活態度，也尊重他人的選擇，傳遞我們內心的愛的本質，但不強迫對方去改變生活模式。

當我們太想要活得正確，並且用道理來箝制自己與他人時，內在的情感反而難以真實的交流，最終會淪為立場的對立。把更多的焦點放在自己身上，好好的傾聽自己的心，當你學會了安自己的心之後，尊重自己，活出自己就不再只是口號。當你不再逃離自己，你會發現身邊懂得聽你說話的人也變多了，這世界一直都是我們內在的縮影啊！

那麼我們如何將道理活出來？

例如說，很多文章都會告訴你愛自己，或是要做自己。

於是許多人開始合理化自己的欲望，狂買東西，不節制飲食，放縱關係，把愛自己做自己放在頭上，將任何不開心不想面對的都推開，告訴自己及他人「我正在愛自己／做自己」。

我想在實踐一個道理前，我們必須先明白它的定義。什麼是愛自己與做自己？

也許我們的定義與別人不同，但如果不能去界定，它就很有可能因為定義模糊而被我們濫用，在每一個說不清道不明的時候被拿來當藉口，在我們對自己不那麼自信的時候拿來當擋箭牌。

「我正在XXX」感覺起來好像在做正事，但真的嗎？

我們也必須清楚為什麼我們要支持某一個道理？除了它是書上說的，是聖人說的之外，我為什麼同意它？我對它的期待與嚮往是什麼？

你必須清晰自己實踐一個理念的意圖，你才能夠在生活中的每時每刻執行它，將它真正的編織進你的行動裡。

然後，你要好好的體會它。

因為也許在你認真的使用之後，才能提煉出它之於你的更高精華，你才會發現原來愛自己是這樣的，原來做自己是那樣的，它會對你有獨一無二的意義，而你可以選擇保留它或是繼續進行它。

最後，是真正的通過實踐道理而認識了自己，你會發現原來不是道理讓你變成了什麼，而是因為你實踐了它，活出了它，所以你更明白自己了，你更認識自己了。

變得更好，從來都不是因為道理本身。而是因為你，是你選擇了認真的執行與體會，是你內在的智慧決定了結果。你透過活出一個道理提煉了你自身的智慧，提煉了自己。這才是活出道理之後最棒的事。

3. **人生是一條巨大的河流**：既然是河流，那麼前進是不會停止的，既然是河流，那麼波浪是不會停息的，並不因為你擁有了什麼工具，就能操弄生命，使風雨平靜。若你只會收集工具，卻不知如何使用，生命之流並不會因此而改變，你依然會覺得很奇怪，自己為什麼還是在這樣的挫折之中。要求生命平靜本身，也是一種幻象，這不但不是祝福，反而是一種很大的不信任與自我否定。工具只是協助你，將你行駛的船變得更穩固，讓你在每一次的波浪中，能夠看見不同的風景，捕獲不同的魚群，就在這一波波的浪潮之中，看見生命中的奇蹟。

4. **蒐集工具，沒有結束的一天，停止追逐的遊戲**：我曾經也想要追求很高的道行，到處打探課程，希望成為一個魔女，可以解決自己的問題，進一步解決別人的問題。不過我慢慢的發現，只要你的心夠明亮，一切都是修行助人的工具。我看過有人用一杯茶，讀出飲者的內在苦楚，當下情感流動，立即被療癒，比我看過的各種諮商都還要精準。還有許多中醫師，在把脈的當下就知道你的性情、情緒狀態。難不成我們也要去學茶道？去學中醫？把這些能力統統都攢在自己懷裡嗎？我相信一定有個合適的工具，不論是靜心，瑜伽，慢跑，煮菜，寫日記，或你曾經學過的各種工具，只要你能夠在其中好好地進入自己，就會發現最大的祕密與寶藏也在你之中。學會看你自己，是比學會看這花花世界來得更重要的修行，而不只是蒐集工具而已。

5. **擁有工具，最終還是要超越工具**：永遠都不要以你擁有的工具為生命，你可以靠它養活自己，可以用它解決生命中的問題，可是別讓它代表你。我沒有瑜伽、沒有風水，依然可以快樂過日子。地圖與目的地是不同的，你可以藉由地圖到達目的地，但不會因為擁有地圖，你就立即到達目的地了。如果你分不清楚，你只是在抱著地圖渴求天堂。

就好像真正會煮菜的人，他分辨得出什麼是好的食材，好的鍋具，他的確可以用高級的食材和鍋具煮出厲害的料理，但如果有一天，身邊沒有這些工具，他去到了一個極其貧樸的地方，只有生鏽的鍋子與簡單的食材，他是否依然有能力做出讓自己滿足的料理呢？我想答案在於心境，當你的心看待這一切是富足的，你就依然有把握可以創造美味的一餐，當你的心充滿了緊抓，覺得沒有了什麼就不會好吃，那麼生命總會讓我們不滿意的地方顯露出來。

6. **尋找天命，是因為對自己不夠認識**：我發現很多人都在尋找天命，當然我也找過，但那過程現在回想起來，是一種對自己很深的不信任，覺得自己只能做那些被「天」允許的事，例如療癒，還是風水，又或者是當老師。很多人被局限在框架之中，認為所謂的天命應該要很偉大。可是，當媽媽就不偉大嗎？家庭主婦就不偉大嗎？開計程車難道不偉大嗎？是我們先貶低了自己的現狀，然後想要找另一個冠冕堂皇的帽子來扣在自己頭上——「我應該有更好的天命」，如此才能讓你暫時離開現在覺得自己很慘很囧的現況。總是期待著明天，卻沒想過讚頌今天，所有的明日不都是今日的成果？不接受當下的自己，又何來明日的新生？

7. **不要總是期待明天，過好每個今天，就是最大的修行**：每個今天，都是你曾經努力的成果。也許你今天在家裡帶小孩、被老公養，你討厭自己的狀態，但你有沒有想過，這可能是好幾年前夢寐以求的？宇宙已經為你完成，但是你卻厭棄它，不想與之同在。你想逃離目前的狀態嗎？這樣子的逃離不會使你產生力量，只有接受才會，只有允許才會。也許你今天被困在一個病痛的身體裡，也許此刻你沒有錢，也許你的工作很爛，喔天哪！這就是最好的修行，你還需要花錢去修行嗎？去深山裡什麼都不看，做瑜伽、吃素……當然心很清靜，但是回來之後就不用再面對生活嗎？你早已選擇了一個最棒的道場，不必做什麼了不起的事，就是過好你的每個今天，不抱怨，不逃離，和自己在一起，在今天中發現祝福與感恩。不要小看這樣的修行，長久下來，會為你帶來很大的心的力量。

8. **豐盛來自於你能夠付出**：付出與接受是合一的，當然我所謂的付出，並不是一個人為了討好別人而犧牲自己的那種付出；而是**在付出之中你同時也被滿足的狀態，即是豐盛**。我喜歡寫文章，我喜歡把我所有的感受用文字表達出來，有人需要或不需要，都OK；而我已經在這個整理的過程中自我滿足了，若是有人能夠受益，雖是免費的領取了我生命的領悟，我也覺得我有所得到。很難形容這種滿足，這不是什麼形式上的交換，就是一種生命之間彼此支持的信任感。我給出，而我同時又更飽滿，我並不失去任何東西。我相信每個人都有屬於自己形式的豐盛，就如同我喜歡看別人做菜，雖然我吃不到，但是我可以感受到那個做菜拍照發文的人的喜悅，他在完成做菜的過程中，已經被圓滿。但若你今天是要討人稱讚的，你就會有得失心，你就會覺得疲倦、匱乏，這是很大的不同。

9. **就體驗你想體驗的**：當然我說的不是傷害人的體驗，而是在你心中引發你很多靈感的體驗，也許是一個人的旅行，也許是一台照相機，也許是一個鍋子，一套畫筆。你不去做，怎麼知道自己喜不喜歡呢？透過行動才能真實地了解自己，有時候我們的想法不過是被別人框架住了而不自知。不過很有趣的是：這個框架通常是你允許的！所以就允許自己擴展吧，不是基於害怕與恐懼而追求和蒐集，而是基於想體驗更多彩的自己而前進。

祝福大家。

如果你不為自己而活，誰為你而活
—自我重生的 22 個療癒配方

作者：張韋婷
總編輯：黃柏軒
特約編輯：賴凱俐
裝幀設計：黃千芮
版面設計：黃千芮
內文排版：黃千芮，邱怡姍
封面畫作：張韋婷
書腰攝影：qoopio 大研創意
出版：愛文社
粉絲專頁：https://www.facebook.com/lrwinsaga
發行人：黃柏軒
地址：106 台北市大安區溫州街 16 巷 14 之 2 號 4 樓
電話：0922983792
ISBN：978-626-95744-3-8（精裝）
978-626-95744-2-1（平裝）
定價：精裝 580 元／平裝 499 元
版次：初版一刷
出版時間：2023 年 6 月

國家圖書館出版品預行編目 (CIP) 資料

如果你不為自己而活 , 誰為你而活 : 自我重生的 22 個療癒配方 / 張韋婷著 . --
初版 . -- 臺北市 : 愛文社 , 2023.06
面； 公分
ISBN 978-626-95744-2-1(平裝). --
ISBN 978-626-95744-3-8(精裝)

1.CST: 自我肯定 2.CST: 自我實現

177.2 112003150